KB154722

K-예능과 새로운 우리말

K-예능과 새로운 우리말

발행일 1판 1쇄 2024년 5월 16일

지은이 남신혜

펴낸이 박영호

기획팀 송인성, 김선명

편집팀 박우진, 김영주, 김정아, 최미라, 전혜련, 박미나

관리팀 임선희, 정철호, 김성언, 권주련

펴낸곳 (주)도서출판 하우

주소 서울시 중랑구 망우로68길 48

전화 (02)922-7090

팩스 (02)922-7092

홈페이지 http://www.hawoo.co.kr

e-mail hawoo@hawoo.co.kr

등록번호 제2016-000017호

ISBN 979-11-6748-135-1 03710

값 16,000원

이 저서는 2021년 대한민국 교육부와 한국학중앙연구원(한국학진흥사업단)을 통해 K학술확산연구소
사업의 지원을 받아 수행된 연구임(AKS-2021-KDA-1250004).

K-예능과
새로운 우리말

남신혜 지음

도서
출판

서문

K-콘텐츠의 시대입니다. 케이팝(K-pop), 케이드라마(K-drama), 케이무비(K-movie)를 넘어서 케이뷰티(K-beauty), 케이푸드(K-food)에 이르기까지 한국 문화에 대한 관심이 세계적으로 확산되고 있습니다. 그리고 이러한 현상을 반영한 것인지, 현재 한국어를 배우고 있거나 앞으로 한국어를 배우고자 하는 외국인들의 숫자도 나날이 늘어가고 있습니다. 한국인으로서, 그리고 동시에 한국어를 연구하는 학자의 한 사람으로서 이러한 현상을 동시대에 경험할 수 있다는 것은 무척 큰 행운이라고 생각합니다.

이 책은 바로 이 K-콘텐츠의 시대를 살고 있는 언어학자의 시선으로, K-예능 속에서 한국어의 신어들을 발견해 내는 즐거움을 독자들과 함께 나누고자 기획한 것입니다. 또한 '신어'라는 렌즈를 통해서 한국 사회와 문화의 현실 상황을 함께 고찰해 보는 기회가 되기를 바라는 마음도 함께 담았습니다. 이 책은 전문가들만을 위한 것이 아니기 때문에 독자들과 편안하게 소통하기를 바라는 마음에서 마치 강의를 하듯이 편안한 문체로 글을 썼습니다.

신어는 종종 '잘못된 말'이거나 '교양 없는 말'이라는 오해를 받기도 합니다. 물론 신어 중에는 비속어도 많이 있기 때문에 이를 잘 분별하고 가려 써야 하는 것은 분명한 사실입니다. 그러나 신어는 한국어의 소중한 언어 자원이며 동시대의 사회적·문화적 상황과 맥락을 보여주는 소중한 도구이기도 합니다. 이 책을 통해서 이러한 신어의 가치가 잘 전달될 수 있기를 바랍니다.

이 책의 내용은 크게 네 부분으로 구성됩니다. 첫 번째로 1장과 2장에서는 앞으로의 내용을 더 잘 이해하기 위해서, 그 토대가 되는 신어와 예능 프로그램의 개념과 특성, 그리고 단어 형성과 단어 의미에 대한 기본적 지식을 공부합니다. 두 번째로 3장부터 6장까지는 신어 형성의 주된 기제에 따라서 신어의 유형을 구분하고 각 유형에 속하는 신어들의 구체적인 사례를 공부합니다. 세 번째로 7장부터 9장까지는 의미 유형별로 신어를 범주화하여 각 의미 범주별 신어를 만나봅니다. 이때 각 유형에 속하는 신어의 대표 사례들은 K-예능 프로그램에서의 실제 사용 예시를 제시하였습니다. 마지막으로 10장에서는 사회적 배경과 신어의 관계를, 한국의 역사적 시기별 사례를 통해서 알아봅니다.

이 책이 나오기까지 많은 분들의 도움을 받았지만, 특히 경희대학교 K컬쳐·스토리콘텐츠연구소의 안숭범 소장님과 연구원들께 큰 도움을 받았습니다. 또 원고를 집필하는 동안 '서재콕'으로 일관하던 아내와 엄마를 기다려 준 가족들은 제 모든 저작의 보이지 않는 공동저자입니다. 이분들께 지면을 빌려 감사의 인사를 전합니다. 너덜너덜한 원고 뭉치를 예쁜 책으로 만들어 주신 하우의 관계자들께도 감사드립니다.

끝으로 K-예능과 한국어를 사랑하는 모든 독자들의 미래를 열렬히 응원합니다.

남신혜

K-예능과
새로운 우리말

차례

K-예능과 새로운 우리말

K-예능과 새로운 우리말

K-예능과 새로운 우리말

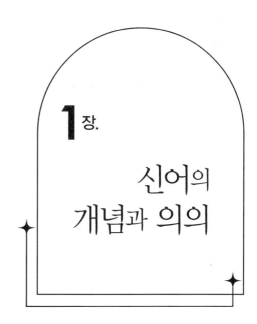

1장.

신어의
개념과 의의

1장.

신어의 개념과 의의

01.
신어의 개념

언어학 수업의 첫 번째 시간에 주로 다루어지는 내용 중에는 '언어의 역사성'이라는 개념이 있습니다. 언어는 고정불변의 것이 아니라, 시간의 흐름에 따라서 새로 생겨나기도 하고 사라져 없어지기도 하고 변화를 겪기도 한다는 것입니다. 언어는 사회적 약속 체계이기 때문에 사회가 변화하고, 그 사회를 구성하는 사람이 변화함에 따라서 자연스럽게 달라집니다. 그리고 그 중심에는 바로 신어가 있습니다. '신어'란 무엇일까요? 말 그대로

'새로운 단어'라는 뜻입니다. 한 언어 체계에는 무수히 많은 단어들이 있습니다. 국립국어원의 〈표준국어대사전〉에는 약 30만 개가 넘는 단어가 등재되어 있는데, 모든 단어가 사전에 실려 있는 것은 아니므로 실제 한국어의 어휘 규모는 이것보다도 훨씬 큽니다. 그런데 이렇게 많은 단어들이 모두 한날한시에 생겨난 것은 당연히 아닙니다. 많은 단어들이 새로 생겨나기도 하고, 또 반대로 어떤 단어들은 사회의 변화에 따라 더 이상은 잘 사용되지 않다가 아예 없어지기도 하지요.

특히 새로 생겨나는 단어들은 그 시점의 사회적·문화적인 현실 상황과 아주 밀접하게 관련되어 나타난다는 특징이 있습니다. 예를 들어, 1998년에 발매된 가수 '쿨'의 노래 〈애상〉에는 '삐삐'라는 단어가 등장합니다. 시간이 지나 2012년에 발매된 가수 '마리오'의 노래 〈문자〉에는 '차라리 문자도 보내지 말지'라는 가사가 나옵니다. 또 2020년에 발매된 가수 '위클리'의 노래 〈리얼리티〉에는 '이따가 내게 선톡해 줘'라는 가사가 나옵니다. 사람들이 일상적으로 연락할 때 사용하는 통신 수단이 무선 호출기, 즉 삐삐에서부터 휴대폰 문자 메시지를 거쳐서, '톡'이라는 말이 들어가는, 스마트폰의 메신저 애플리케이션으로 변화해 나가는 모습이 이러한 어휘의 변화에 반영되어 나타나는 것입니다. 이렇게 신어는 어떤 언어·문화권의 사회·문화적 배경을 반영해서 나타나기 때문에, 우리는 한국어 신어에 대한 연구를 통해서 한국의 사회·문화적 현실을 들여다볼 수가 있는 것입니다.

그렇다면 한국 사람들이 요즘에 어떤 신어를 어떠한 맥락에서 사용하고 있는지를 알고 싶다면, 가장 좋은 방법은 무엇일까요? 우리는 평소에 어떤 단어의 뜻이나 쓰임새를 알고 싶을 때 주로 사전을 활용합니다. 그러나 신어는 말 그대로 새로 생겨난 말이기 때문에, 한국어 사전을 찾아봐도 아직은 사전에 등재되어 있지 않은 경우가 많습니다. 이 책을 통해서 추천하고 싶은 방법은 바로 K-예능 프로그램을 통해서 신어를 접하는 것입니다. 그 방법을 추천하는 이유는 세 가지 정도로 설명할 수 있을 것입니다.

첫 번째, 예능 프로그램에서는 미리 짜인 대본을 따르지 않는 즉흥 발화를 관찰할 수 있기 때문입니다. 한국의 예능 프로그램 중에는 미리 준비된 대본 없이 출연자들이 즉흥적으로 주어진 상황 속에서 어떤 행동을 하거나 말을 하는 것을 그대로 담고 있는 형식의 프로그램이 많습니다. 그렇기 때문에 출연자들의 언어가 실제 한국어 화자들이 일상적으로 많이 사용하는 언어의 모습을 가감 없이 보여주는 경우가 많은 것입니다.

두 번째로는, 예능 프로그램은 방영 시점의 언어생활 트렌드를 잘 반영하고 있는 경우가 많기 때문입니다. 방송 프로그램의 특성상, 시청자들에게 고루하거나 지루하지 않고 신선하다는 느낌을 주는 것이 유리할 텐데요, 특히 젊은 연령층에서 많이 시청하는 프로그램인 예능 프로그램의 경우에 이러한 이미지는 더욱 중요할 것입니다. 이러한 이유로 예능 프로그램에는 당대의 언어생활 트렌드가 잘 반영되는 경향이 있습니다.

세 번째로, 예능 프로그램은 표준적인 언어를 써야 한다는 규범에서 비교적 자유롭다는 특징을 갖고 있기 때문입니다. 같은 방송 프로그램이라도 뉴스와 같은 보도 프로그램의 경우에는 되도록 표준적이고 규범적인 언어만 사용할 것이 권고되는 면이 있습니다. 그에 비하면 예능 프로그램은 아무래도 규범으로부터 비교적 자유로운 편이라고 할 수 있습니다.

그렇다면 과연 '신어'라는 것이 학문적으로는 어떻게 규정될 수 있을까요? 신어를 단순하게 정의하면 '새로 생겨난 말'이라고 할 수 있는데, 이 '새로 생겨난 말'을 한자어로는 '신어(新語)'라고 하며 고유어로는 '새말'이라고 부릅니다. 이 둘은 동일한 것이라고 봐도 무방합니다. '신어', 혹은 '새말'에 대해서 국어학자인 남기심은 다음과 같이 정의하고 있습니다.

> "새말이란, 이미 있었거나, 새로 생겨난 개념이나 사물을 표현하기 위해 지어낸 말, 그리고 이미 있던 말이라도 새 뜻이 주어진 것을 통틀어 일컫는다. 다른 언어로부터 사물과 함께 차용되는 외래어도 여기에 포함된다."
>
> _ 남기심(1983:193)

이러한 신어의 정의에서 우리가 포착할 수 있는 것은, 바로 신어의 범위입니다. 신어에 대한 이 정의에는 세 가지가 포함되는데, 그것을 보다 자세히 살펴봄으로써 신어의 범위를 알 수 있습니다.

첫째는, '새로 지어낸 말'입니다. 이때 지어냈다는 것은 말의 형태, 즉 말소리나 표기까지 지어냈다는 말입니다. 예를 들어 '혼밥족'이라는 말이 있는데, 이것은 혼자 밥을 먹는 것을 즐기거나, 혼자 밥을 먹는 일이 많은 사람들을 가리킬 때 쓰기 위해서 새로 지어낸 말입니다.

둘째는, '이미 있던 말이지만 새 뜻이 주어진 것'입니다. 이것은 형태적으로는 —즉 말소리나 표기를 봐서는— 새로 지어낸 말이 아니지만, 과거부터 쓰이던 말에 새로운 의미가 만들어진 경우를 가리킵니다. 즉 기존의 단어에 새로운 뜻이 부가된 경우도 신어로 본다는 것입니다. 예를 들어 우리가 무척 답답한 상황을 표현할 때 '고구마 같다'라는 표현을 쓰기도 하지요. '고구마'라는 단어는 주로 찌거나 구워서 먹는 음식이나 그 음식의 재료가 되는 식물을 나타내는 말로, 원래부터 사용되던 단어입니다. 그런데 이 단어에 답답한 상황을 비유적으로 나타낸다는 새로운 의미가 생겨난 것입니다. 이렇게 기존에 사용되던 단어에 새로운 의미가 추가된 경우도 신어로 볼 수 있습니다.

셋째는, 다른 언어로부터 사물과 함께 차용되는 외래어도 신어로 본다는 것입니다. 한국 사회에는 없었던 외래 문물이 새로 들어오면서 그것을 부르는 말도 같이 들어오는 경우가 많은데요, '버스, 피아노, 컴퓨터' 등과 같이 현재는 외래어라는 인식도 거의 사라진 말들도 처음에 들어왔을 때는 무척 새로운 단어였을 것입니다. 더 가까운 사례로는 '스마트폰'이나 '태블릿 피시' 같은 것들도 여기에 해당되는 예시가 될 수 있겠습니다.

이제까지 신어에 대한 정의를 통해서 언어학적으로 신어를 어떻게 규정할 수 있는지 알아보았습니다. 그런데 '신어'와 유사한 개념을 나타내는 다른 언어학적 용어들도 있는데요. 예를 들면 '임시어, 유행어, 은어, 전문어, 그리고 미등재어' 같은 용어들입니다. 숫자가 조금 많지요? 그렇지만 이러한 용어들은 신어와 아주 밀접한 개념이기 때문에 이러한 몇 가지 용어들에 대해서도 조금 더 알아볼 필요가 있

습니다. 다음 강의에서는 신어와 관련된 여러 용어들에 대해서 조금
더 깊이 있게 알아보도록 하겠습니다.

02.
신어와 관련된 용어

앞선 강의에서는 신어에 대한 언어학적 정의를 공부해 보았습니다. 그리고 '신어'와 매우 유사한 개념이거나, 아주 밀접하게 관련되어 있는 여러 용어들이 있다는 점도 말씀드렸습니다. 바로 '임시어, 유행어, 은어, 전문어, 그리고 미등재어' 같은 용어들입니다. 우리가 어떤 대상에 대해서 자세하고 깊이 있게 이해하기 위해서는 그것과 밀접하게 관련되어 있는 다른 대상들에 대해서도 탐구할 필요가 있습니다. 학문적 개념에 대해서도 마찬가지입니다. 따라서 이번에 강의에서는 신어의 친구들, 즉 신어와 관련되어 있거나 매우 유사한 여러 용어들에 대해서 탐구함으로써 신어에 대한 우리의 이해를 더욱 깊이 있게 만들어 보겠습니다.

우선 '임시어'가 있습니다. '임시어'는 새로 생겨난 말이 이후로도 한국어라는 언어 체계 안에 정착해서 계속 쓰일 것인지 알 수 없다는 점에서, '임시로 쓰이는 말'이라는 뜻으로 사용하는 용어입니다. 일시적으로 아주 짧은 기간 동안 쓰이고 더 이상 쓰이지 않거나 사람들이 기존의 어휘 재료를 활용하여 그때그때의 상황에서 필요에 따라 즉흥적으로 만들어 쓰는 단어가 곧 임시어인데요. 실제로 아주 많은 단어들이 새로 생겨났다가 금방 생명력을 잃고 사라져 버리는 것이 사실이기 때문에, 신어 중에 상당수는 임시어라고 볼 수 있습니다. 그러나 신어 중에서 어떤 단어가 살아남고 어떤 단어가 소멸될 것인지는 알 수 없기 때문에 공시적으로 신어와 임시어를 구별하는 것은 쉽지 않습니다.

'유행어'는 일시적으로 사람들의 호응을 얻어서 발화 공동체 내에서 비교적 짧은 시간 동안 널리 확산되었다가 금방 사용되지 않는 단어를 뜻합니다. 생성된 이후에 길게 지속되지 않고 곧 사라진다는 특징은 '임시어'와 유사하지만, 짧은 기간 동안 발화 공동체 안에서 널리 확산된다는 점이 두드러진 특징입니다. 말 그대로 어떤 말을 쓰는 게 유행이 되는 경우에 그 말이 유행어가 됩니다. 그러나 얼마만큼 유행을 해야 유행어인가 하는 점에 대한 기준은 세우기 어렵기 때문에 이번에도 역시 유행어와 임시어, 그리고 신어를 구분하는 것이 현실적으로는 어렵습니다.

다음으로 '은어'라는 용어도 많은 사람들에게 익숙할 것입니다. '은어'는 특정 집단 안에서만 널리 사용되는 말로, 다른 사람들은 알아듣지 못하도록 하기 위해서 만들어진 말이라는 특성이 있습니다. 신어 중에는 이러한 은어로부터 출발해서 대중화된 말들도 찾아볼 수 있습니다. 예를 들어서 우범자 집단의 은어로 쓰이던 '꼰대'나 '똘마니' 같은 말들은 이제 대중적으로 사용되고 있습니다.

다음으로 '전문어'는 특정 직업 분야나 학문 분야 등에서 사용되는 용어나 어휘들로, 해당 분야에서 일하는 전문가들이 특정 주제나 분야의 상세한 내용을 정확하게 전달하기 위해서 사용합니다. 예를 들어서 의학 용어나 법률 용어 같은 것들이 여기에 해당됩니다. 전문어 역시도 일부 특정한 집단 내에서만 주로 통용된다는 점에 있어서는 '은어'와 비슷한 성격을 가집니다. 그러나 전문어는 일부러 집단 밖의 외부자들은 알아듣지 못하게 하기 위한 목적으로 사용하는 것은 아니라는 점에서 은어와는 차이를 가집니다. 경우에 따라 전문어가 일반 대중들 사이에서까지 널리 사용되면서 일반적인 신어로 자리잡는 현상이 발생하기도 합니다. 예를 들어, '애플리케이션'은 정보 통신 분야에서는 기존에도 사용되던 전문어 중 하나였지만 스마트폰이 대중화되면서 일반 언중들까지 두루 쓰는 말이 되었습니다.

마지막으로 '미등재어'라는 용어는 사전학에서 주로 사용하는 용어입니다. 어떤 단어가 아직 사전에 표제어로 등재되어 있지 않을 때 그 단어를 '미등재어'라고 합니다. 사전마다 그 사전의 성격에 따라서 다를 수 있지만 일반적으로는 신어들의 경우에는 아직 사전에 등재되지 않은 경우가 많습니다. 그래서 사람들은 어떤 단어가 신어인지 아닌지를 판단하기 위해서 사전에 등재되어 있는지 여부를 우선적으로 살펴보는 경우가 많습니다.

자, 종합해 보면 신어는 임시어로서의 특성, 유행어로서의 특성, 그리고 사전 미등재어로서의 특성을 모두 공유하는 개념이라고 볼 수 있습니다. 동일한 대상에 대해서 '아직 정착되지 않은 말'이라는 점을 강조해서 보면 '임시어'로 볼 수 있고, '요즘 유행하는 말'이라는 점을 강조해서 보면 '유행어'라고 부를 수도 있고요, 또 '아직 사전에 없는 말'이라는 점에 초점을 두고 보면 '미등재어'라고 할 수도 있는 것입니다. 또 은어나 전문어와 같이 특정한 집단 내에서만 사용되던 단어들이 상황에 따라 일반 대중에게까지 알려지게 되면서 일반적인 신어로 편입되기도 합니다. 따라서 이러한 여러 가지 개념들은 무 자르듯이 뚝 잘라서 서로 구분되는 것이 아니라, 관점의 차이를 반영하는 여러 용어들이라고 보는 것이 더욱 적합할 것입니다.

　마지막으로 하나 덧붙여서 '신조어'라는 용어에 대해서 말씀드려볼까 합니다. 언어학자가 아닌 일반 대중들은 사실 '신어'라는 용어보다는 '신조어'라는 용어가 더 익숙할 것으로 생각이 되는데요. 전문가들은 보통 '신조어'라는 말보다는 '신어'라는 용어를 사용하는 것을 더 선호하는 편입니다. '신조어(新造語)'라고 하면 새롭게 '만들어진' 말이라는 의미가 부각되기 때문에 이미 있었으나 새로운 의미가 생긴 말이나 외국어에서 차용한 말을 포함하기 어렵기 때문입니다.

　이제까지 신어와 유사하거나 매우 밀접하게 관련된 용어들에 대해서 알아보았습니다. 그런데 어떤 단어가 있을 때, "이것은 신어고 저것은 임시어다."라거나, "이것은 유행어고 저것은 신어다."라는 식으로 구분할 수 있는 것은 아닙니다. 따라서 이 개념들을 서로 구분하려고 너무 머리 아프게 생각할 필요는 없겠습니다.

03.
언어 연구에서 K-콘텐츠의 활용

이제는 우리 논의의 초점을 '신어'에서 'K-예능'으로 옮겨 보겠습니다. 'K-예능'은 말 그대로 '한국의 예능 프로그램'을 가리키는 것으로 볼 수 있습니다. 한국의 대중 문화가 전 세계적으로 확산되면서 'K-팝', 'K-드라마', 'K-무비' 등과 같이 어떠한 산업 분야나 대중문화를 지칭하는 말 앞에 'K-'를 붙이는 것이 매우 일반화되었습니다. 'K-예능'이라는 용어도 이러한 측면에서 이해해 볼 수 있겠습니다. 그렇다면 예능 프로그램이란 무엇일까요? 이 부분에 대해서부터 조금 더 깊이 있는 논의를 진행해 볼 필요가 있겠습니다.

예능 프로그램은 영어로는 'Entertainment Show' 또는 'Variety Show'와 같이 번역되는 것으로, 다양한 엔터테인먼트 요소와 활동을 포함하는 프로그램입니다. 전통적으로는 텔레비전 방송국에서 주로 제작되었으나 최근 들어서는 온라인 미디어를 포함한 여러 플랫폼으로 그 영역이 넓어지고 있습니다. 예능 프로그램은 주로 코미디, 놀이, 미션, 게임, 퀴즈, 대결, 대화, 특별 게스트 출연 등 다양한 콘텐츠 요소를 사용하여 시청자를 즐겁게 하는 것을 목표로 합니다. 이러한 예능 프로그램은 엔터테인먼트 산업에서 중요한 역할을 하는데요, 특히 K-예능은 K-드라마, K-팝, K-무비 등과 함께 이른바 '한류'라고 부르는 한국 대중문화의 세계화에 있어서도 큰 비중을 차지하고 있습니다.

예능 프로그램이 한국에만 있는 것은 당연히 아니겠지요? 예능 프로그램은 다양한 나라에서 지역적인 특징과 문화를 반영하여 다양한 형태로 제작됩니다. 또 각 나라의 예능 프로그램은 그 나라의 문화와 취향을 반영하며 지역적인 차이와 고유한 특징을 가지고 있습니다. 이처럼 가장 생생한 사회·문화적 현실을 반영하고 있다는 점에서 예능 프로그램은 신어와 잘 어울립니다. 어휘 중에서 사회·문화적 배경을 가장 생생하게 동시대적으로 반영하고 있는 특징을 가지는 것이 바로 신어이기 때문입니다.

K-예능이 가지고 있는 또 다른 특징 중 하나는 바로 국제적인 팬들을 확보하고 있다는 점입니다. 가장 대표적인 프로그램으로 SBS에서 오랫동안 방영하고 있는 '런닝맨'을 들 수 있는데요. 런닝맨은 특히 아시아 지역에서 많은 팬을 보유하고 오랫동안 지속적인 인기를 끌어 오면서 K-예능이 국제적으로 전파되는 데 큰 기여를 했습니다. 이러한 추세는 더욱 강화되고 있는 것으로 보입니다. 2023년 3월, 문화체육관광부와 한국국제문화교류진흥원이 발표한 '해외 한류 실태조사'에 따르면 한국 문화 콘텐츠에 대한 호감도 분석에서 예능이 76.5%로 드라마(76.3%), 영화(75.6%), 음악(74.2%) 등에 비해서도 높은 수치를 기록하는 결과가 나왔습니다. 이러한 사실을 통해서 케이 예

능의 국제적인 인기를 실감할 수 있겠습니다.

그런데 관점을 조금 더 넓혀 보면 K-예능은 K-콘텐츠라는 더 큰 범주 안에 들어가게 됩니다. K-콘텐츠는 K-팝, K-드라마, K-무비 등과 같은 한국의 대중문화를 포괄하는데요, 오늘날 이러한 K-콘텐츠는 대중들에게 인기가 있고 산업 분야에서도 큰 화두임과 동시에 연구자들에게도 중요한 연구 주제로 급부상하고 있습니다. 특히 언어학 분야에서도 K-콘텐츠를 대상으로 하는 연구가 많아지고 있는데요. 언뜻 생각하기에는 언어학과 K-콘텐츠 사이에는 별다른 관계가 없어 보일 수도 있지만 사실 이 둘 사이에는 밀접한 관계가 있습니다. 과연 어떤 관계가 있는지 하나씩 짚어보도록 하겠습니다.

첫 번째로, K-콘텐츠에 나타나는 모든 언어는 한국어에 대한 언어학적 연구의 데이터로서 가치가 있습니다. 언어학 연구에는 크게 두 가지 패러다임이 있는데요, 하나는 연구자들이 머릿속으로 생각해낸 정형화된 언어를 대상으로 하는 연구입니다. 기존에는 실제 언어 데이터를 활용할 수 있는 방법이 없었기 때문에 많은 언어학 연구들이 연구자들의 직관에 의존하는 경향이 있었습니다. 다른 하나는 바로 실제 언어 데이터를 활용하는 연구입니다. 연구자의 머릿속에서 생각한 언어에 대한 연구가 아니라, 실제로 화자들이 발화한 언어, 즉 '실제 언어'에 대한 연구를 지향하는 것인데요, 이러한 실제 언어를 모은 데이터를 언어학에서는 '말뭉치(corpus)'라고 부릅니다. 특히 전자공학과 자연어처리 기술의 발달로 인해서 현대 언어학에서는 말뭉치를 활용한 언어학적 연구, 즉 말뭉치언어학(corpus linguistics) 분야가 매우 빠르게 발전하고 있습니다. K-드라마, 예능,

영화 등과 같이 다양한 K-콘텐츠는 모두 그 안에 해당 장르의 특성을 반영한 한국어 실제 발화를 담고 있는데요, 이러한 한국어 데이터는 모두 말뭉치언어학 연구의 대상이 될 수 있습니다. 특히 문어 말뭉치에 비해서 구어 말뭉치는 연구자들이 수집하기 쉽지 않기 때문에, K-콘텐츠는 구어의 특성을 보여주는 언어 데이터로서의 가치가 매우 높다고 할 수 있습니다.

두 번째로, 콘텐츠를 활용한 언어 교육 연구가 활발히 진행되고 있습니다. 특히 외국어로서의 한국어 교육 분야에서 K-콘텐츠를 접목한 교육 프로그램을 많이 연구하고 있습니다. 실제로 한 연구에서는 인스타그램 해시태그 분석을 통해서 'K-팝'이나 'K-드라마' 등의 K-컨텐츠, 즉 한국 대중문화가 외국인들의 한국어 학습에 미치는 영향이 매우 막강하다는 것을 발견하였습니다(남신혜 2020). 해외한류 팬들은 한국 대중문화에 대한 호감으로부터 시작하여 한국 드라마나 예능, 영화 등을 자막 없이 듣고 이해하고 싶다는 동기를 가지고 한국어 학습을 시작하기도 합니다. 실제로 어떤 외국인이 한국 예능 프로그램을 보면서 스스로 한국어를 공부했다고 밝혀서 화제가 된 적도 있는데요.[1] 최근 한국어 교육 분야에서 나온 논문들을 보면 '예능 프로그램을 활용한 한국어 말하기 교육 방안 연구', '예능 프로그램 자막을 활용한 한국어 친족 호칭어 교육 연구', '리얼리티 예능 프로그램을 활용한 의사소통 중심의 한국어 교육 방안 연구' 등과 같이, K-예능을 주제로 하여 수행된 연구가 매우 활발하게 이

---

[1] 궁금하신 분들은 다음 링크를 통해 영상을 확인해 보시기 바랍니다.
    https://www.youtube.com/watch?v=x9PjB5h2mrI

루어지고 있음을 알 수 있습니다.

셋째로, K-콘텐츠를 통해서 동시대의 사회적·문화적 상황을 반영한, 생생한 언어 현실을 알아볼 수 있습니다. 이는 특히 각본 없이 제작되는 리얼리티 쇼를 표방하는 예능 프로그램에서 두드러지게 나타나는 특징이기도 한데요, 바로 이러한 점으로 인해서 여러 콘텐츠들 중에서도 특히 예능 프로그램이 신어 연구에 기여하는 바가 크다고 볼 수 있습니다.

04.
신어의 탄생과 그 의의

    신어는 새로 생겨난 말이기 때문에 임시어이거나 유행어로서의 속성을 갖고, 대체로 규범 사전에 등재되지 않은 경우가 많습니다. 그렇다 보니까 많은 분들이 신어에 대해서 부정적으로 인식하는 경우가 없지 않습니다. 신어는 비규범적인 말이니까 쓰지 말아야 하는 말, 또는 한국어를 오염하는 말인 것처럼 생각하기 쉬운 것입니다. 신어가 아직 언중의 공인을 받는 단계에 다다르지 못한 말인 것은 분명하지만, 그럼에도 불구하고 신어는 그 나름대로의 의의를 가지고 있다고 볼 수 있습니다. 그렇기 때문에 많은 학자들이 신어에 대해서 관심을 가지고 연구를 지속하고 있는 것입니다. 그렇다면 신어가 가지는 의의는 무엇일까요? 이번 강의에서는 특히 신어의 탄생 과정에 초점을 두고 볼 때 신어의 의의를 어떻게 정리할 수 있는지에 대해서 알아보겠습니다.

    신어는 어떻게 만들어질까요? 단어마다 다르겠지요. 앞서 말씀드린 것처럼 새로 생겨난 개념이나 사물을 표현하기 위해서 아예 없던 말을 새로 만들어 쓰기도 하고, 기존에 있던 단어에 새로운 의미를 덧붙이기도 하고, 외래어를 그대로 빌려와 사용하기도 합니다. 그렇다면 이러한 신어의 종류에 관계없이 신어의 탄생에 관여하는 요소는 과연 무엇이라고 볼 수 있을까요? 여러 가지를 생각해 볼 수 있겠지만 우리는 크게 세 가지 ―화자의 의도, 맥락, 그리고 공인화― 요소에 대해서 이야기해 보려고 합니다.

우선 첫 번째로 신어의 탄생에 관여하는 것은 무엇보다도 화자의 의도와 인식입니다. 화자(話者)는 문자 그대로 보면 말하는 사람이라는 뜻이지만 어떤 언어의 화자라고 할 때 화자란, 그 언어를 사용하는 사람을 일컫습니다. 즉 한국어 화자는 한국어를 사용해서 언어생활을 하는 모든 사람이 될 수 있는 것이지요. 한국어 신어의 탄생에 첫 번째로 관여하는 것은 바로 한국어를 사용하는 사람들인 한국어 화자의 의도, 그리고 화자의 인식이라고 할 수 있습니다. 세상에 존재하는 모든 단어는 특정한 상황에서 화자들에 의해 이루어지는 명명 과정을 거친 결과이기 때문입니다.

특히 특정 사회 내부로 새로운 대상이나 개념이 유입될 때, 화자들은 이를 명명하고자 하는 동기에 따라 새로운 단어를 필요로 하게 됩니다. 예를 들어서, 처음으로 스마트폰이 등장하고 그 안에서 구동되는 다양한 응용프로그램이 대중화되기 시작했을 때, 사람들은 이 새로운 대상을 부를 때 사용할 수 있는 말이 필요하게 되었습니다. 영어로는 'application'이라고 부르는 이 새로운 대상을 화자들은 다양하게 부르기 시작했습니다. 누군가는 '애플리케이션'이라고 부르고, 누군가는 '앱'이라고 부르고, 또 누군가는 '어플'이라고 부르기도 했습니다. 특히 '어플'이라는 단어가 재미있는데요. '애플리케이션'은 너무 길고 '앱'은 너무 짧아서 어색하니까 '애플리케이션'의 첫 두 음절만 절단한 결과를 다시 음운론적으로 변형해서 '어플'이라고 부르게 된 것으로 생각됩니다. '애플리케이션'을 절단해서 앞의 두 글자만 남긴다면 '애플'이라고 해야 하지만 '애플'은 이미 익숙하게 통용되는 동음어인 '사과'의 뜻을 나타내는 영어 단어 '애플'이나 미국의 유명한 회사 이름을 나타내는 '애플' 등이 존재하기 때문에 음운적인 변형을 가해서 최종적으로는 '어플'이라고 부르게 된 것이지요. 이러한 단어의 존재를 통해서 우리는 화자들이 되도록 경제성을 가지면서도 의미적 모호성을 피할 수 있는 방식으로 언어생활을 하기 바란다는 것을 알 수 있습니다.

또 한 가지 사례를 위해서 다음 단어들을 한번 살펴보시기 바랍니다.

증기차(蒸氣車), 화륜거(火輪車), 화륜차(火輪車), 화차(火車)

_정한데로 (2019:10)

이 서로 다른 단어들은 모두 같은 대상을 가리키는 단어들인데요, 그것은 무엇일까요? 정답은 바로 '기차'입니다. 100여 년 전에 한국 사회에 기차라는 새로운 문물이 들어왔을 때 이것을 가리키기 위해서 새롭게 만들어졌던 여러 단어들입니다. 처음에 한국인들에게 '기차'라는 문물은 매우 낯선 대상이었을 것입니다. '불을 피우고 증기를 내뿜으며 달리는 차'를 처음 봤을 때 한국어 화자들은 이를 어떻게 불러야 할지 당연히 고민하였을 것입니다. 그중 일부는 나름의 이름을 만들어 붙이기도 하였지요. 그 결과 이와 같은 다양한 신어들이 등장하게 된 것입니다. 오늘날에는 위의 단어들 중 대부분이 사라지고 '기차'라는 단어로 공인화가 이루어졌지만, 우리는 이렇게 다양한 신어들을 통해서 '증기(氣)'와 '화력(火)'으로 대표되는 기차의 모습에 초점을 두었던 당시 사람들의 인식을 엿볼 수 있는 것입니다. 이처럼 신어는 우리에게 그 언어권 화자들의 의도와 인식을 엿볼 수 있는 창이 되어 줍니다.

신어의 형성에 관여하는 두 번째 요소는 바로 '사회적 맥락'입니다. 신어는 그것이 새로 만들어졌을 당시의 사회·문화적 맥락을 그대로 반영하고 있습니다. 위에서 예를 든 신어들, '애플리케이션, 앱, 어플' 등은 모두 스마트폰의 대중화와 함께 생겨나고 널리 쓰이게 된 말들입니다. 사실 '애플리케이션'은 정보 통신 분야에서는 기존에도 사용되던 전문어 중 하나였지만 스마트폰이 대중화되면서 많은 화자들이 두루 쓰는 말이 된 것입니다.

또 다른 예로 '반려'라는 말의 대중화를 들 수 있습니다. '짝이 되는 동무'라는 뜻의 '반려'는 원래 '인생의 반려를 얻었다'와 같이 배우자와 같은 인생의 동반자를 나타낼 때 한정적으로 쓰이던 표현이었습니다. 그런데 최근 1인 가구가 많아지고 동물과 함께 지내는 사람들이 많아지면서 동물권에 대한 인식이 개선되고, 이에 따라 기존에 '애완동물'로 부르던 것을 '반려동물'이라는 말이 대체하는 경우가 매우 빈번하게 되었습니다. 이러한 사회적 변화가 더욱 확장된 결과, 최근에는 '반려'라는 말의 사용 범위가 더욱 확장되어서 '반려 문화', '반려 식물', '반려 생활' 등과 같이 새로운 표현들이 속속 등장하게 되었습니다. 따라서 이러한 신어를 탐구함으로써 우리는 그 신어의 등장과 확장에 관련된 시대적인 상황과 사회·문화적 배경을 알 수 있는 것입니다.

신어의 형성에 관여하는 세 번째 요소는 바로 언중의 승인, 즉 '공인화'입니다. 누군가가 새로운 단어를 만들었다고 해서 그 단어가 바로 모든 언중에게 인정받고 사용되는 것은 아닙니다. 오히려 그와는 반대로 만들어지자마자 그것이 등장했었는지도 모르게 사라져 버리는 단어들이 대부분일 것입니다. 화자의 명명을 통해서 탄생한 단어가 신어로 자리잡느냐 그렇지 못하고 사라져 버리느냐는 언중의 승인을 받는가, 즉 공인화가 되는가에 달려 있다고 볼 수 있습니다.

위에서 예로 들었던 '애플리케이션, 앱, 어플' 등의 세 단어들은 아직까지는 모두 규범 사전에 등재되지 않은 미등재어입니다. 그러나 시간이 흐르면서 이러한 신어들 가운데 어느 하나가 경쟁에서 승리하게 되면, 그 단어가 공인화 과정을 거쳐서 규범 사전에 등재될 것입니다.

언어학자 Schmid는 새로 만들어진 단어가 그 언어 체계의 명실상부한 어휘로 자리잡게 되는 과정을 '생성(creation) → 강화(consolidation) → 정착(establishing)'의 세 단계로 설명합니다. 이 중에서 적어도 '강화'나 '정착' 단계에 이르기 위해서는 언중의 승인이 필수적이라고 볼 수 있습니다. 결국 신어의 지위를 최종적으로 결정짓는 것은 그 화자를 둘러싸고 있는 사회, 즉 언어 공동체라고 할 수 있겠습니다. 단어의 공인화는 어떤 특정한 단체나 개인에 의해서 이루어지는 것이 아니라, 대다수 언중이 그 단어를 빈번하게 사용하게 되고, 그로 인해 그 단어의 지위가 공고하게 되면 자연스럽게 일어나는 것이기 때문입니다. 따라서 어떠한 신어가 살아남고 어떠한 단어가 사라지게 되는지를 살펴봄으로써, 우리는 한국 사람들이 어떠한 대상을 선호하거나 기피하는지, 가치관에는 어떤 변화가 생겼는지에 대해서 단서를 얻을 수 있을 것입니다.

이제까지 신어의 탄생에 관여하는 세 가지 요소를 살펴보고, 그를 통해서 신어가 어떠한 의의를 가지는지 알아보았습니다. 신어의 형성에 관여하는 요소들에는 화자의 의도와 인식, 사회적 맥락, 그리고 언중의 승인이라는 세 가지 요소가 있으며, 이들 각각의 요소를 통해서 신어는 언중의 의도나 인식, 그리고 사회·문화적 배경, 언중의 선호나 가치관 등과 같은 것들을 우리에게 보여주는 귀중한 언어 자원으로 기능할 수 있다는 점을 강조했습니다.

흔히 신어를 사용하지 말아야 하는 말이나 비속어처럼 교양 없는 말이라고 치부하는 오해들도 있지만, 역사적으로 볼 때도 매 순간 새로운 말은 계속 생겨나 왔고 그러한 단어들이 켜켜이 쌓인 결과가 오늘날의 한국어 단어 체계라는 것을 생각해 본다면, 신어는 교양 없는 말도 아니고 기피해야 할 말도 아니라는 것을 알 수 있겠습니다.

05.
신어의 유형과 예시

우리는 많은 개념이나 지식들을 여러 유형으로 나누는 것을 좋아합니다. 유형화를 통해서 복잡하고 입체적인 개념을 보다 선명하고 구체적으로 파악할 수 있기 때문인데요. 신어에도 여러 유형이 있습니다. 신어의 유형들을 알아보기 위해서 앞서 살펴보았던 신어의 정의를 다시 한번 가져와 보겠습니다.

> "새말이란, 이미 있었거나, 새로 생겨난 개념이나 사물을 표현하기 위해 지어낸 말, 그리고 이미 있던 말이라도 새 뜻이 주어진 것을 통틀어 일컫는다. 다른 언어로부터 사물과 함께 차용되는 외래어도 여기에 포함된다."
>
> _ 남기심(1983:193)

신어에 대한 이와 같은 정의를 살펴보면, 크게 세 가지 유형이 신어의 범주 안에 포함된다는 사실을 알 수 있습니다. 형태까지 새로 만들어진 말, 원래 있던 단어에 새로운 의미가 부가된 말, 그리고 새로 들어온 외래어가 여기에 해당됩니다.

한편, 한 언어 체계 내에 새롭게 편입되는 어휘

들을 가리키는 신어는 모어 화자의 언어적 창조성을 보여줌과 동시에 언어의 역동적인 속성을 보여주는 것이라고 할 수 있는데요, 이러한 언어의 역동적 속성을 보여주는 언어 변화 현상에는 '형태적인 변화, 의미적인 변화, 문법적 기능의 변화' 등이 포함됩니다.

이때 '형태, 의미, 문법적 기능'이 무엇인지 이해하기 위해서는 우선 기본적으로 언어에 대한 이해가 필요합니다. 언어는 인간의 의사소통의 도구로서, 의미를 담고 있는 기호 형식으로 이루어져 있습니다. 즉 '의미'라는 내용을 '형태'라는 그릇이 담고 있는 것이라고 설명할 수 있겠는데요. 예를 들어서 '🌲'라는 의미 내용은 한국어에서는 '나무'라는 형태로 표현되고 영어에서는 'tree'라는 형태로 표현됩니다. 이렇게 언어란 곧 의미와 형태로 구성된다고 볼 수 있기 때문에, 언어의 변화 현상에도 형태가 변화하는 현상과 의미가 변화하는 현상, 두 가지가 다 있을 수 있는 것입니다.

그런데 앞에서 우리는 언어 변화 현상을 세 가지로 나누었지요? 형태적인 변화, 의미적인 변화, 그리고 문법적 기능의 변화입니다. 방금 설명에서 형태적인 변화와 의미적인 변화가 무엇인지는 살펴보았습니다. 그렇다면, '문법적 기능'이 변한다는 것은 무슨 뜻일까요? 언어가 담고 있는 내용을 앞에서는 간단히 '의미'라고 했지만, 이것은 사실 '내용적 의미', 혹은 '어휘적 의미'라고 부르는 것입니다. 앞서 말씀드린 것처럼 어떤 언어 형식은 내용적 의미를 담고 있는 그릇이라고 볼 수 있지만, 또 다른 어떤 언어 형식은 '나무'와 같은 내용적 의미가 아니라, 문법적 기능을 담고 있는 그릇인 경우가 있습니다. 예를 들어 볼까요? 한국어에서 조사 '이/가'의 의미는 어떤 내용을 담고 있는 것이라고 보기는 어렵습니다. 아래의 예문에서 조사 '가'는 그것이 붙은 말, 즉 '지수'가 해당 문장에서 '주어'의 역할을 한다는 것을 표시해 주는 문법적 기능을 합니다.

> **예** 지수**가** 공부를 한다.

또 다른 예로 연결어미 '-고'는 앞부분과 뒷부분의 말을 대등하게 이어주는 기능을 합니다. 아래 예문에서 '-고'의 역할은 앞부분의 내용과 뒷부분의 내용을 이어주면서 하나의 문장으로 만들어주는 문법적 기능인 것입니다.

> **예** 지수가 공부를 하**고** 민수가 숙제를 한다.

따라서 문법적 기능의 변화라고 할 때에는 이처럼 어떠한 언어 형태가 가지고 있는 문법적인 기능이 달라지는 현상을 나타내는 것입니다.

이제까지 언어의 변화 현상에는 형태적 변화, 의미적 변화, 문법적 기능의 변화라는 세 가지가 있다고 말씀드렸습니다. 우리가 신어의 유형을 구분할 때에도 이러한 관점을 반영해서 형태적 신어, 의미적 신어, 그리고 문법적 신어의 세 가지로 설정할 수가 있겠습니다.

그럼 앞에서 배운 내용을 종합해 보겠습니다. 먼저 우리는 신어의 개념 정의를 통해서 신어에는 '이미 있었거나 새로 생겨난 개념이나 사물을 표현하기 위해 지어낸 말', 그리고 '이미 있던 말이라도 새 뜻이 주어진 것', 그리고 '다른 언어로부터 사물과 함께 차용되는 외래어'가 속한다는 것을 배웠습니다. 그리고 이어서 언어 변화라는 현상에는 형태의 변화, 의미의 변화, 그리고 문법적 기능의 변화가 있다고 했습니다. 이러한 점을 종합적으로 살펴보면, 신어의 하위 유형으로는 '형태적 신어, 의미적 신어, 문법적 신어, 그리고 새로 들어온 외래어' 등과 같이 네 가지 유형을 설정할 수 있겠습니다.

그런데 이러한 전통적인 유형 분류 외에도, 이 책에서는 추가적으로 최근에 새로 나타나고 있는 유형인 '통신언어 신어'까지 포함하여 크게 다섯 가지로 신어의 하위 범주를 설정하고자 합니다. 이 새로운 범주는 특히 최근의 언어생활이 전통적인 구어와 문어의 이분법적 경계를 넘어서 온라인 매체를 매개로 하는 통신언어생활로 확장되었다는 것을 반영하고자 하는 것입니다. 이러한 통신언어는 컴퓨터 자판을 두드리거나 스마트폰의 터치 기능을 활용하여서 생성된다는 점에서 기존의 구어나 문어와는 매우 다른 특성을 가집니다. 예를 들어서 자판을 두드리는 인간의 노동은 제한적으로 투입하면서도 효율적인 의사소통 수행의 효과를 얻기 위해서 축약어나 두문자어 등이 빈번하게 사용되게 됩니다. 이러한 점을 고려해서 최근의 연구들에서는 신어의 범주에 이러한 통신언어에서 주로 나타나는 신어들을 위한 별도의 카테고리를 설정하는 경우가 점점 더 많아지고 있는데요. 우리 책에서도 이러한 점을 고려해서 통신언어에서 주로 나타나는 문자 유희, 혹은 경제성을 위해 새로 생겨난 단어들에 대해서도 추가적으로 살펴보려고 합니다.

결과적으로 신어에는 크게 다섯 가지 세부 유형을 세울 수가 있습니다. '형태적 신어, 의미적 신어, 문법적 신어, 외국어 차용에 의한 신어, 그리고 통신언어에서의 신어', 이렇게 다섯 가지입니다.

이러한 신어의 세부 유형에 대해서는 이후 순서대로 하나씩 자세하게 알아보도록 할 것입니다. 여기에서는 먼저 각 유형에 해당되는 신어의 예시를 몇 가지만 간단하게 소개해 보려고 합니다.

우선 형태적 신어의 예로 '혼밥'을 살펴보겠습니다. '혼밥'은 '혼자서 밥을 먹다', 또는 '혼자서 먹는 밥'을 뜻하는 말인데요, 2014년 3월 〈충북일보〉의 기사에는 "대학생 10명 중 7명은 친구나 식구 없이 혼자 밥을 먹는 이른바 '혼밥'을 하는 것으로 드러났다."라는 내용이 나옵니다.[2] '혼밥'은 형태적으로 볼 때, '혼자 밥을 먹다', 또는 '혼자 먹는 밥'이라는 구절에서 일부 음절만 자른 후에 이 음절들을 다시 붙여서 만든 형태의 신어인데요, 이렇게 더 긴 구절에서 일부 음절만 따다가 재구성해서 만드는 유형의 신어들은 매우 흔하게 볼 수 있는 유형입니다.

다음으로 의미적 신어의 예로는 '꿀'을 들 수 있습니다. 원래 '꿀'은 '꿀벌이 꽃에서 빨아들여 벌집 속에 모아 두는, 달콤하고 끈끈한 액체(honey)'를 뜻하는 말로, 기존에 있던 단어입니다. 그런데 '매우 뛰어나거나 좋다'라는 뜻으로 이 단어를 사용하는 경우가 매우 많아졌는데요. 예를 들어서 2016년 6월 〈마이데일리〉의 기사에는 "노래를

2 　출처: 〈우리말샘〉의 '혼밥' 용례 중.
　　https://opendict.korean.go.kr/dictionary/view?sense_no=1368128&viewType=confirm

너무 잘하신다. 목소리가 너무 꿀이다."라는 문구가 나옵니다.[3] 목소리가 매우 듣기 좋다는 표현을 '꿀이다'라고 한 것이지요. 그 밖에도 아주 좋은 팁을 '꿀팁'이라고 하거나 아주 재미있는 것에 대해서 '꿀잼'이라고 하기도 하는 것처럼, 현재는 '꿀' 뒤에 다른 단어를 함께 이어 쓰면서 다양하게 사용되고 있습니다.

세 번째 유형인 문법적 신어는 기존 어휘 중에서 품사나 문법적 기능상의 변화를 보이는 말을 가리키는데, 현대 국어에서 그 예가 흔하게 발견되는 유형은 아닙니다. 그러나 역사적으로 보면 문법적 신어의 예를 발견할 수 있는데요, 예를 들어서 '너**조차** 나를 배반하다니'와 같은 문장에서 볼 수 있는 한국어의 보조사 '조차'는 중세국어 시기에는 동사 '좇다'의 부사형이었습니다. 동사의 활용형으로 사용되던 단어가 명사 뒤에서 사용되는 보조사로 쓰이기 시작한 시점부터 이 단어는 문법적 신어로 사용된 것이라고 볼 수 있겠습니다.

네 번째 유형은 바로 외국어 차용에 의한 신어인데요, 이 유형에서는 '셀피'와 '셀카'의 예를 들어 보겠습니다. 이 두 단어는 모두 주로 휴대폰의 카메라를 사용해서 자기 자신을 찍는 일, 또는 그렇게 찍은 사진을 가리키는 말입니다. 그런데 '셀피'와 '셀카'는 세부적으로 보면 조금 차이가 있는데요, 우선 '셀피'는 영어 'selfie'를 그대로 차용해서 쓰게 된 신어입니다. 그런데 '셀카'는 한국식 영어, 흔히 콩글리쉬라고 하지요? 그 한국식 영어에서 온 말인데요. '셀프 카메라'라는 말에서 앞 음절만 따서 '셀카'라고 줄여서 쓰는 말입니다. 이처럼

---

3   출처: 〈우리말샘〉의 '꿀' 용례 중.
    https://opendict.korean.go.kr/dictionary/view?sense_no=1369300&viewType=con
    firm

K-예능과 새로운 우리말

외국어 차용에 의한 신어의 경우에도 외래어를 그대로 들여와서 쓰는 경우와 한제외래어, 이른바 콩글리시에 의해 형성된 말도 있어서 재미있는 유형입니다.

마지막으로, 특히 최근 들어 많은 관심을 받고 있는 유형은 바로 통신언어에서 주로 나타나는 새로운 유형의 신어들입니다. 예를 들어서 'ㄱㅇㅇ'나 '댕댕이' 같은 것들이 여기에 속하는 신어들인데요. 'ㄱㅇㅇ'는 '귀여워'를 뜻하는 말로 언어의 경제적 사용을 위한 동기에 따라 나타난 것으로 볼 수 있는 반면에 '댕댕이'는 '멍멍이'를 나타내는 것인데 언어유희의 일종으로 볼 수 있다는 점에서 차이가 있습니다.

이렇게 해서 이번 강의에서는 신어의 다섯 가지 유형에 대해서 간단한 예시와 함께 알아보았습니다. 물론 이러한 다섯 가지 유형이 이제까지 모두 대등한 중요도를 가지고 다루어져 온 것은 아닙니다. 학문적으로 볼 때에는 형태적 신어나 의미적 신어에 대한 연구가 가장 중점적으로 이루어져 왔는데요, 그 이유는 아무래도 신어 중에서 가장 높은 비중을 차지하고 있는 것이 이 두 가지 유형이기 때문입니다. 따라서 앞으로 이 두 유형에 더 많은 비중을 두고 공부를 계속해 볼 텐데요. 이어지는 강의에서는 형태적 신어와 의미적 신어를 잘 이해하기 위해서 필요한 학문적인 배경지식을 먼저 공부하도록 하겠습니다.

2장.

단어 형성과
의미 변화

2장.
단어 형성과 의미 변화

01.
합성과 파생

이 장에서는 신어의 형성을 이해하기 위해서 알아야 하는 언어학적인 지식을 본격적으로 공부해 보려고 합니다. 앞에서 우리는 신어의 유형을 다섯 가지로 나누었지만 그중에서도 가장 대표적인 두 가지 유형이라고 볼 수 있는 것은 바로 형태적 신어와 의미적 신어입니다. 그 이유는 형태적 신어와 의미적 신어가 신어 중에서 가장 큰 비중을 차지하기도 하고 이제까지 학계에서도 가장 많이 연구되어 온 분야이기도 하기 때문입니다. 따라서 보통 '신어'

라고 하면 일반적으로 형태적 신어나 의미적 신어를 일컫는 경우가 많습니다. 다시 말하면 형태적 신어와 의미적 신어야말로 신어의 대표주자 격이라고 할 수 있는 것입니다.

그런데 이러한 형태적 신어와 의미적 신어의 형성 과정을 이해하기 위해서는 필수적으로 요구되는 언어학적인 배경지식이 있습니다. 형태적 신어의 형성을 이해하기 위해서는 단어형성법을 알아야 하고, 의미적 신어의 형성을 이해하기 위해서는 단어의 의미 변화에 대해서 알아야 합니다. 형태적 신어의 형성에 관련되는 단어형성법은 언어학의 세부 분야 중에서 형태론에 해당되는 부분이고, 의미적 신어의 형성에 관련되는 단어의 의미 변화는 의미론에 해당되는 부분입니다. 따라서 이번 장에서는 형태적 신어와 의미적 신어를 잘 이해하기 위한 사전 지식으로서 단어형성법과 의미 변화에 대한 이론을 배워 보도록 하겠습니다.

그럼 첫 번째로 우선 단어형성법에 대해서 공부해 보겠습니다. 단어형성법이란, 말 그대로 '단어가 형성되는 방법'입니다. 모든 단어들은 단어 형성법에 따라서 단어로 만들어지는 것인데요, 이에 대해서 이해하기 위해서는 먼저 단어의 종류에 대해서 알아야 합니다.

형태적 측면에서 볼 때 단어의 종류는 크게 두 가지로 나누어집니다. 바로 단일어와 복합어입니다. 단일어는 하나의 어근으로 이루어져 있는 단어이며 복합어는 하나의 어근에 다른 어근이나 접사가 덧붙어서 형성된 단어입니다. 그리고 복합어는 어근만으로 이루어져 있는지, 아니면 어근에 다른 접사가 붙어서 이루어져 있는지에 따라서 다시 합성어와 파생어로 분류됩니다.

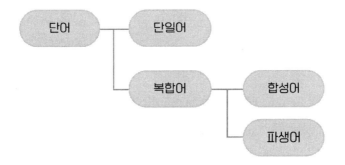

갑자기 어려운 용어가 홍수처럼 나와서 당황스러우실 수도 있겠는데요. 다음 예시를 같이 보면서 다시 한번 차근차근 설명해 보겠습니다.

> 예 가. 집, 다리, 부채, 신 : 단일어
> 예 나. 집안, 돌다리 : 복합어 中 합성어
> 예 다. 부채질, 덧신 : 복합어 中 파생어

먼저 (가)는 실질적으로 의미 중심을 가지고 있는 하나의 구성 요소만으로 이루어져 있는 단어들의 예시로, 단일어입니다. 단일어는 모두 하나의 의미적 뿌리, 즉 어근(語根)으로만 되어 있기 때문에 더 이상 쪼개는 것이 불가능합니다. 예를 들어서 '다리'를 '다'와 '리'가 만나서 이루어진 것으로 보거나, '부채'를 '부'와 '채'로 쪼갤 수 없는 것입니다.

이와 달리 복합어인 (나)와 (다)는 그 내부를 쪼개서 둘 이상의 구성 요소로 분석하는 것이 가능합니다. (나)에 있는 '집안'의 경우 '집'

과 '안'으로 나눌 수 있고, '돌다리'는 '돌'과 '다리'로 분석됩니다. 그리고 (다)에 있는 단어들도 '부채'와 '질', 그리고 '덧'과 '신'으로 쪼갤 수 있습니다.

그런데 쪼개고 나서 보니, (나)의 단어들과 (다)의 단어들 구성요소 사이에 차이가 있습니다. (나)의 경우 '집'과 '안', '돌'과 '다리'처럼 쪼개진 요소들 각각이 자립성을 가지고 있으며 실질적인 의미를 담당할 수 있는 요소들, 즉 어근입니다. 이렇게 어근들이 모여서 이루어진 단어를 합성어라고 합니다.

(다)의 경우는 합성어가 아닌 파생어의 예시인데요, '부채질'의 경우에는 어근 '부채'에 접사 '-질'이 덧붙어서 만들어진 단어이고 '덧신'의 경우에는 어근 '신' 앞에 접사 '덧-'이 덧붙여서 만들어진 단어입니다. '부채질'의 '-질'이나 '덧신'의 '덧-' 같은 접사들은 자립성이 없기 때문에 단독으로 쓰일 수 없고 실질적인 의미보다는 형식적인 의미를 담당하는 경우가 많습니다.

접사는 다시 두 가지로 분류될 수 있습니다. '부채질'의 '-질'과 같이 다른 어근의 뒤에 붙는 접사를 '접미사'라고 하고요, '덧신'의 '덧-'처럼 다른 어근의 앞에 붙는 접사를 '접두사'라고 합니다. 그래서 '부채질'처럼 접미사가 붙어 이루어진 파생어를 '접미파생어'라고 하고 '덧신'처럼 접두사가 붙어서 이루어진 파생어는 '접두파생어'라고 부르기도 합니다.

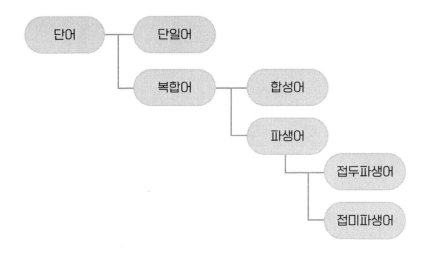

　그런데 접두파생어와 접미파생어의 차이는 단순히 접사가 앞에 붙는지 뒤에 붙는지와 같은, 위치에 따른 차이만 있는 것은 아닙니다. 한국어 단어형성법에서 접두사와 성격과 접미사의 성격 자체에 차이가 있기 때문에, 접두파생어의 형성 기제와 접미파생어의 형성 기제에는 여러 차이가 나타나게 되는데요. 접두파생어와 접미파생어가 어떻게 다른지 조금 더 자세히 알아보도록 하겠습니다.

　첫 번째로 접두파생어는 접두사에 의한 파생어입니다. 한국어의 접두사는 어근의 품사를 바꾸는 지배적 기능은 없고 어근의 의미를 제한하는 한정적 기능만 가지고 있다는 점에서 접미사와 다릅니다. 단어의 문법적 성격이라고 볼 수 있는 품사를 바꾸는 데 관여하지 않고 어휘의 의미에만 관여하는 파생법이기 때문에 이러한 파생법을 어휘적 파생법(lexical derivation)이라고 부르기도 합니다.

　접두파생법, 혹은 어휘적 파생법에 의해 형성된 파생어의 예시를 통해서 조금 더 알아보겠습니다.

> **예** 날-고기, 맨-손, 한-겨울

  자, 이 예시에서 '날고기'의 '날-'은 '아직 익지 않은'을 의미하는 것으로 '날고기, 날김치, 날계란' 등에서 나타납니다. '맨손'의 '맨-'은 '순전하게 다만 그것뿐'의 뜻인데 '맨머리, 맨몸, 맨주먹' 등에서 발견됩니다. '한겨울'의 '한-'은 '한창인, 가득 찬'의 뜻으로 '한가을, 한더위, 한밤중' 등에 쓰입니다.

  다음으로 접미파생어는 접미사에 의한 파생어입니다. 접미사는 접두사와는 달리 한정적 기능뿐만 아니라 지배적 기능도 가지고 있어서, 접미사가 붙음으로써 단어의 품사나 문법적인 특성이 변할 수가 있습니다. 그래서 이렇게 단어의 품사나 문법적 특징까지 바뀌게 하는 데 영향을 주는 파생법을 통사적 파생법(syntactic derivation)이라고도 합니다. 물론 접미파생법에는 어휘적 파생법도 있습니다. 앞에서 살펴보았던 파생어의 예시 중에서 '부채질'을 생각해 볼까요? 이것은 '부채'라는 명사에 '-질'이라는 접미사가 붙어서 다시 '부채질'이라는 명사를 파생시킨 경우입니다. 품사가 달라지지 않았지요. '-질'은 '그 도구를 가지고 하는 일'의 뜻을 더하는 접미사로, '부채질' 외에도 '가위질, 칼질, 걸레질, 망치질' 등에서 확인됩니다.

  그렇다면 접미파생어 중에서도 통사적 파생법에 의한 파생어의 예시를 살펴볼까요?

> **예** 잠, 놀이, 쓰기, 덮개

　여기 제시한 단어들은 모두 동사에 접미사가 붙어서 단어의 뜻이 달라졌을 뿐만 아니라 품사가 동사에서 명사로 변화한 사례들입니다. '잠'은 동사 '자다'에 접미사 '-ㅁ'이 붙어서 만들어진 명사고요, '놀이'는 동사 '놀다'에 접미사 '-이'가 붙어서 형성된 명사입니다. '쓰기'도 마찬가지로 동사 '쓰다'에 접미사 '-기'가 붙어서 형성된 명사이며, 덮개의 경우에도 동사 '덮다'에 접미사 '-개'가 붙어서 만들어진 명사로 볼 수 있습니다. 이러한 단어들은 모두 동사에 접미사가 붙어서 명사가 파생된 경우이지만, 접미사에 의한 통사적 파생법이 동사를 명사로 파생시키는 것에만 국한되는 것은 아닙니다. 다음 예시를 볼까요?

> **예** 철렁거리다, 갸웃대다, 바둥바둥하다

　'철렁거리다, 갸웃대다, 바둥바둥하다'는 모두 모양을 흉내내는 말, 즉 의태어인데요. 품사로 보면 동사입니다. 어떠한 움직임을 서술할 때 쓰는 말이기 때문인데요. 이 단어들을 분석해 보면, 모두 부사에 접미사가 붙어서 형성된 동사들이라는 것을 알 수 있습니다. '철렁거리다'는 부사 '철렁'에 접미사 '-거리-'가 붙어서 만들어진 동사고요, '갸웃대다'는 부사 '갸웃'에 접미사 '-대-'가 붙어서 만들어진 동사입니다. 마찬가지로 '바둥바둥하다'는 부사 '바둥바둥'에 접미사

'-하-'가 붙어서 만들어진 동사입니다.

　이제까지 한국어의 단어형성법에 대해서 알아보았습니다. 한국어 단어 중 복합어를 형성하는 두 가지 기제로 합성법과 파생법에 대해서 구체적으로 공부해 보았는데요, 어근이든지 접사든지 어떤 요소들이 서로 덧붙어서 더욱 큰 덩어리를 이루는 방향으로 단어가 형성되는 경우라는 점에서 공통점이 있다는 것을 아마 여러분도 발견하셨을 것 같습니다. 그래서 이러한 합성법과 파생법을 아울러서 '형식적 증가에 의한 단어형성법'이라고 부르기도 합니다. 그런데 우리가 관심을 가지고 있는 신어들 중에 상당수는 이러한 형식적 증가에 의한 단어형성법으로 설명할 수 없는 경우가 많습니다. 그렇다면 우리는 어떤 대안을 가지고 있을까요? 그것에 대해서는 다음 강의에서 자세히 알아보도록 하겠습니다.

02.
기타 단어형성법

앞에서는 전통적인 언어학 이론에서 주류 이론으로 다루어지는 단어 형성법인 합성법과 파생법에 대해서 공부해 보았습니다. 그리고 이러한 합성법이나 파생법은 형식적 증가에 의한 단어 형성법이라는 점에서 공통점이 있다고 말씀드렸습니다. 그런데 단어가 형성될 때 꼭 형식적 증가에 의한 형성만 있는 것은 아닙니다. 다음 예시를 볼까요?

> 예 아아 : **아이스 아**메리카노
> 예 갑분싸 : **갑**자기 **분**위기 **싸**해짐
> 예 워라밸 : **워**크 앤드 **라**이프 **밸**런스

위의 예시들은 모두 신어의 사례들인데요. '아아'는 '아이스 아메리카노'를 줄여서 만들어진 말이고 '갑분싸'는 '갑자기 분위기 싸해짐'이라는 구절에서 각 어절의 앞 글자만 딴 것으로, 역시 줄어든 말입니다. '워라밸'도 마찬가지인데요, 원래는 영어인 '워크 앤드 라이프 밸런스'에서 몇 가지 음절만 남긴

것으로 형식적으로 보면 그 어원이 되는 말에 비해서 굉장히 축소가 된 것을 알 수 있습니다.

이처럼 다소 긴 단어나 구, 또는 절이 있을 때 그것을 줄여서 경제적으로 쓸 수 있도록 하는 방향으로 신어가 형성되는 일은 한국어에서 매우 흔하게 목격됩니다. 오죽하면 이러한 현상을 나타내는 말로 '별다줄'이라는 신어까지 등장하게 된 것이지요. 참고로 말씀드리면 '별다줄'은 '별걸 다 줄인다'를 세 글자로 줄인 말입니다.

이러한 예에서 알 수 있는 것과 같이, 단어 형성법에는 형식적 증가에 의한 단어 형성법뿐만 아니라, 형식적 감소에 의한 단어 형성법 역시 존재하고 있습니다. 형식적 증가에 의한 단어 형성법에 합성과 파생이 있었다면, 형식적 감소에 의한 단어 형성법에는 대표적으로 절단, 혼성, 그리고 축약이 있습니다. 그렇다면 절단, 혼성, 축약은 각각 어떤 것인지를 하나씩 자세히 공부해 보도록 하겠습니다.

우선 절단(Clipping)이란, 한 단어의 일부 형식을 잘라냄으로써 새 단어를 만드는 과정이고, 이렇게 만들어진 단어를 '절단어(Clipped words)'라고 부릅니다. 절단 과정은 대부분 한 단어의 앞이나 뒤의 형식을 잘라내는 방식으로 이루어집니다. 즉 단어의 특정한 위치를 절단한 후에 한 부분을 버리고 남은 부분이 절단어가 되는 것입니다.

그럼 절단어의 예시를 함께 보시겠습니다.

예 내비 (← 내비게이션)
예 슈퍼 (← 슈퍼마켓)
예 컴 (← 컴퓨터)

'내비'나 '슈퍼', '컴'. 우리가 일상적으로 많이 접하는 단어들입니다. 괄호 안에 있는 것이 이 절단어들의 원형인데요. '내비'는 '내비게이션'에서 앞 두 음절만 남긴 것이고, '슈퍼'는 '슈퍼마켓'에서 역시 앞에 있는 두 개의 음절만 남긴 것입니다. '컴'은 '컴퓨터'의 첫 음절만 남겨서 사용하고 있는 단어인데요.

이러한 절단어들은 외래어인 원 단어를 한국어에서 차용한 뒤에 절단어로 만들어서 사용하고 있는 사례들입니다. 절단어의 특징은 원형이 되는 단어의 내부 구조와 상관없이 아무 데서나 절단이 이루어진다는 것입니다. '내비게이션'은 영어에서 'navigate + -ion'의 내부 구조를 지니지만 한국어에서는 그 내부 구조와 상관없이 절단이 발생한 것이고요. '컴퓨터' 역시 내부 구조를 파악한다면 'compute + -er'이 되지만 분석 경계와 무관한 형태로 절단어가 형성된 것을 알 수 있습니다.

절단에 의한 단어 형성은 외래어뿐만 아니라 한자어나 고유어를 원 단어로 가지고 있는 경우에도 활발하게 나타납니다. 다음 예시를 보시죠.

예 고속철 (← 고속철도)

예 대검 (← 대검찰청)

예 따 (← 따돌림)

예 훨 (← 훨씬)

'고속철'은 '고속철도', '대검'은 '대검찰청'이라는 한자어를 원 단어

로 하는 절단어들이고 '따'는 '따돌림', '훨'는 '훨씬'이라는 고유어를 원 단어로 가지는 절단어들입니다. 실제 단어 구성 요소를 분석해 보면 '고속철도'의 경우 '고속'과 '철도' 사이에 경계가 있을 텐데요, 이러한 실제 단어 구성 요소의 경계와 무관하게 '고속철'과 '도' 사이라는 임의의 자리에서 절단 현상이 일어난 것을 알 수 있습니다. '따돌림'을 보아도 마찬가지인데요. 이 단어는 '따돌리다'에 명사 형성 접미사 '-ㅁ'이 붙은 것이므로 이 사이에 경계가 형성되어야 하는데, 이 경우에는 '따'라는 제일 앞 글자만을 잘라서 사용하는 형식으로 절단어가 형성되었습니다. 앞서서 살펴보았던 외래어들의 사례와 마찬가지로 이러한 단어들도 역시 원 단어가 분석되지 않는 경우에도 절단이 이루어지며 분석이 가능하더라도 그와 무관한 위치에서 절단되는 모습을 확인할 수 있는 것입니다.

다음으로 살펴볼 것은 혼성입니다. 혼성(Blending)이란, 두 단어 중 일부 또는 전체를 절단한 후에 이들을 결합하여 만든 새로운 단어를 뜻합니다. 앞서서 우리가 '절단'이 무엇인지는 이미 살펴보았는데요, 혼성의 과정 안에 절단의 과정이 포함됩니다. 즉 두 단어가 있을 때 각각을 임의의 경계에서 절단한 다음에 한 부분씩을 이어붙여서 단어를 형성하는 것이 곧 '혼성'이고, 이렇게 만들어진 단어가 '혼성어(Blends)'가 되는 것입니다.

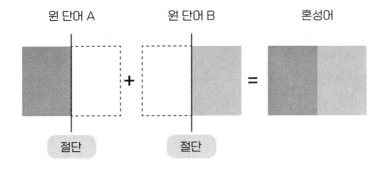

원 단어 A   원 단어 B   혼성어

절단   절단

이러한 혼성어의 예시로 볼 수 있는 신어들로는 아래와 같은 단어들이 있습니다.

> **예** 요린이 (← 요리 + 어린이)
>
> **예** 라볶이 (← 라면 + 떡볶이)
>
> **예** 호캉스 (← 호텔 + 바캉스)

'요린이'는 '요리'와 '어린이'의 일부 절단 부위가 합쳐져 형성된 말로, '요리 실력이 어린이 같다'는 뜻입니다. 즉 요리 초보를 가리키는 말이겠죠. '라볶이'는 역시 '라면'과 '떡볶이'가 절단된 뒤에 합쳐져서 재형성된 단어로 라면과 떡볶이가 합쳐진 음식의 이름입니다. '호캉스'는 '호텔'의 '호'와 '바캉스'의 '캉스'가 붙여진 것인데요, 특별한 외부 활동 없이 호텔에 머무르면서 휴식에 전념하는 형식의 휴가를 나타내는 말입니다.

마지막으로 살펴볼 단어 형성법은 바로 축약(abbriviation)입니다. 축약에 의해서 형성된 단어는 '축약어(acronyms)'라고 하고요. 축약어는 원래의 합성어나 구에서 특정 음절을 선택해서 그 단어들만을 남겨서 형성된 단어들입니다. 여기에 해당되는 예들을 조금 더 살펴볼까요?

예 뮤비 (← **뮤**직**비**디오)

예 비번 (← **비**밀**번**호)

예 불금 (← **불**타는 **금**요일)

예 멘붕 (← **멘**탈 **붕**괴)

'뮤비'는 '뮤직비디오'에서 두 글자를 딴 것이고요, '비번'은 '비밀번호', '불금'은 '불타는 금요일', '멘붕'은 '멘탈 붕괴'에서 두 글자씩을 남긴 것입니다. 앞에서 보았던 절단어의 경우에는 연속되는 음절들을 활용했다면, 축약어의 경우에는 보통 두 개 이상의 내부 구조로 분석될 수 있는 합성어나 구절을 대상으로 해서, 그 각각의 내부 형식에서 한 음절씩을 취하여 이어 붙였다는 점에서 구조상 차이가 있습니다.

이러한 축약어는 기존에 '두자어, 두문자어' 등으로 명명되어 오기도 했는데요, 이것은 원래는 영어에서 가져온 개념입니다. 영어에서는 주로 각 단어의 첫 문자만을 따서 만든 단어를 활발하게 사용하는데, 'UNICEF(United Nations International Children's Emergency Fund)', 'NAFTA(North American Free Trade Agreement)' 등과 같이 각 단어의 머리글자가 결합하여 한 단어로 발음되는 경우가 여기에 해당됩니다. 그런데 한국어에서는 이처럼 각 단어의 첫 번째 문자들을 결합하여 발음하는 것이 불가능하기도 하고요, 문자 단위로 떼어 쓰는 영어와 달리 음절 단위로 절단이나 결합 등의 현상이 일어난다는 점에서 한국어의 축약어는 그 성격이 다르다는 것을 알 수 있습니다.

이제까지 형식적 감소에 의한 단어 형성법에 대해서 공부해 보았습니다. 이 내용들은 '형식적 신어'에 대해서 본격적으로 공부하게 될 3장 내용의 선행 지식이 되기 때문에 잘 공부해 두시면 좋겠습니다.

03.
단어의 의미 변화

앞에서는 단어의 형태적인 측면에 초점을 맞추고 단어 형성법에 대해서 알아보았습니다. 이번에는 단어의 의미에 대한 부분으로 우리의 초점을 옮겨가 보려고 합니다.

단어의 의미는 그 단어를 사용하는 언어 공동체 안에서의 사회적인 약속이지만, 고정적인 것이 아니라 가변적이고 유동적인 성격을 가지고 있습니다. 단어 의미의 변화는 비단 오늘날에만 관찰되는 현상이 아니라, 역사적으로 꾸준히 발생해 왔는데요. 15세기 문헌 자료를 보면 '어리다'라는 단어는 '어리석다'라는 의미를 가지고 있었지만, 현대 한국어에서는 '나이가 적다'라는 뜻으로 사용되고 있지요? 이렇게 역사적으로 볼 때 단어의 의미가 변화해 온 사례를 찾는 것은 어렵지 않습니다.

이러한 '의미 변화'는 어떻게 규정할 수 있을까요? 학문적으로 볼 때, '의미 변화'란, 어떤 말의 중심의미가 새로 생겨난 다른 의미와 함께 사용되다가 마침내 다른 의미로 바뀌는 현상을 말합니다. 이 그림을 한번 같이 보실까요?

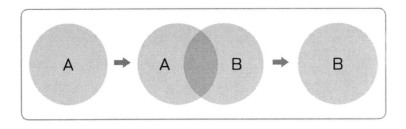

　이 그림은 의미 변화의 과정을 보여주는데요, 원래 A라는 의미를 가지던 단어가 새로운 의미 B를 획득하게 되면, A 의미와 B 의미가 공존하는 과도기를 거치다가 마침내 A 의미를 잃어버리고 B 의미만 남아 있게 되면서 의미 변화가 발생하는 것입니다. 이때 기존 의미인 A만 있다가, 새로운 의미인 B가 발생하게 된 시점에서 보면 이 새로운 의미에 대해서 우리는 '의미적 신어'라고 부르게 됩니다. 만일 이러한 의미적 신어는 언중의 공인화 단계를 거쳐서 한국어 어휘 체계 내에 정착해서 꾸준히 사용되고, 마침내 사전에까지 그 의미 항목이 기술되게 된다면 이때는 더 이상 신어가 아니라, 명실상부한 정착어로서의 대우를 받게 되는 것입니다.

　그렇다면 이러한 의미 변화는 왜 발생하게 되는 것일까요? 의미 변화의 원인은 무척이나 다양한데요, 여기에서는 의미 변화가 발생하는 원인을 크게 여섯 가지로 나누어서 알아보겠습니다. 언어적 원인, 역사적 원인, 사회적 원인, 심리적 원인, 외국어의 영향, 그리고 새로운 명칭의 필요성 등 여섯 가지입니다.

　먼저 언어적 원인은, 언어적 요인으로 인해서 의미 변화가 일어나는 것인데요, 관습적으로 함께 붙어서 사용되는 경우가 많은 단어들은 서로서로 영향을 주는 경우가 많습니다. 예를 들어서 '시치미'

라는 단어를 생각해 보시면, 누가 거짓말을 했거나 알면서도 모르는 척을 할 때, "어디서 시치미야?"와 같은 말을 할 수 있지요? 그런데 '시치미'라는 이 단어가 원래는 '매의 주인을 밝히기 위하여 주소를 적어 매의 꽁지 속에다 매어 둔 네모꼴의 뿔'을 가리키는 말이었습니다. 그런데 '시치미를 떼다'라는 말이 관습적으로 쓰이면서 자기가 하고도 안 한 척을 하거나 알고 있으면서도 모르는 척하는 것을 나타내게 되었는데요. 시간이 흐르면서 더 이상 '시치미'라는 물건의 실물은 보기가 어려워지고 거의 언제나 '시치미를 떼다'의 꼴로만 쓰이게 되다 보니까, 이제는 '시치미를 떼다'라는 관용구가 가지는 의미 전체가 '시치미'라는 명사 하나의 의미 안에 흡수되는 결과가 일어나게 된 것이지요.

두 번째로 역사적 원인은, 언어가 사용되는 현실 사회에서 실제로 일어나는 역사적인 변화에 의해 단어의 의미가 변화되는 것입니다. 예를 들어서 '양반'이라는 단어는 조선 시대에는 신분제도 상의 특정한 계층을 가리키는 말이었지만 신분제도에 따른 계급이 사라진 현대의 한국어에서는 주로 점잖은 사람을 가리키는 말로 쓰이게 되었습니다.

세 번째로 살펴볼 것은 사회적 원인입니다. 사회를 구성하는 집단에 따라서 사용하는 말의 의미가 달라질 수 있는데요, 한 집단의 말이 다른 집단에 차용될 때 의미 변화가 일어나기도 합니다. 이처럼 사회적 환경에 따른 의미 변화는 다시 두 가지 부류로 구분될 수 있는데요, '의미의 일반화'와 '의미의 특수화'가 그것입니다.

우선 의미의 일반화는 특수한 사회 집단에서만 사용되던 단어가 일반적인 언중에게서 사용되면서 새로운 일반적 의미를 나타내게 되는 것을 가리킵니다. 예를 들어서 '박사'는 학술 분야의 전문어로서 최고의 학위를 가리키는 말이지만, 일반적으로 사용될 때에는 '그 사람은 만물 박사야.'와 같이 무엇인가를 잘 아는 사람을 가리키게 되었습니다.

반대로 일반 사회에서 널리 쓰이던 말이 특정한 집단 안에서 쓰이게 되면서 의미가 전문화되는 경우도 있는데요, 이러한 경우를 가리켜서 '의미의 특수화'라고 부릅니다. 예를 들어서, '바닥'이라는 말은 원래 일반적으로 어떤 물체나 공간의 평평한 아랫부분을 나타내는 말인데요. 이 단어가 금융이나 증권 분야에서 사용될 때는 '최저 수준의 시세'를 뜻하게 됩니다.

언어 변화의 네 번째 원인은 심리적 원인입니다. 화자의 심리적 특성이나 경향에 의해서 일어나는 의미 변화를 일컫는데요. 대표적인 것이 바로 금기어를 대체하기 위해서 사용되는 완곡어입니다. 불쾌한 것을 직접 말하지 않고 완곡한 표현을 사용하는 경우인데요, 예를 들어 '아프다'를 '편치 않다'라고 하거나, '죽다'를 '돌아가시다'라고 말하는 것이 여기에 해당됩니다. '자살'이라는 말을 직접적으로 언급하고 싶지 않은 심리 때문에 '극단적 선택'이라고 표현하는 경향도 여기에 해당되는 것으로 볼 수 있겠습니다.

언어 변화의 원인 중 다섯 번째로 살펴볼 것은 바로 외국어의 영향입니다. 어떤 단어가 그때까지 없던 의미를 같은 계열의 외국어 단어에서 차용할 때 일어나는 의미 변화인데요. 예를 들어서 '금수저', '은수저' 같은 말은 영어 속담인 'be born with a silver spoon in one's mouth'를 차용하면서 새로운 의미를 획득하게 된 경우입니다. 원래는 '금으로 만든 수저'나 '은으로 만든 수저'를 나타내는 의미만 있었던 단어들이 '부유한 가정에서 태어나다'나 '많은 재능을 가지고 태어나다'와 같은 뜻을 새로 가지게 된 것입니다.

마지막으로 언급할 것은 바로 새로운 명칭의 필요성에 의해서 언어 변화가 생겨나는 경우입니다. 예를 들어서, 커피 자판기에서 커피를 내오는 것을 '뽑다'라고 하는데요, 기존에 사용되던 단어 '뽑다'가 새로운 개념을 수용한 경우라고 할 수 있습니다. 이처럼 기존에 없던 새로운 사물이나 개념이 등장하면 그것을 지시하는 새로운 명칭이 필요하게 되는데요, 이러한 필요성에 따라서 기존 단어에 새로운 의미가 추가되고, 결과적으로 의미 변화가 발생하게 됩니다.

이제까지 단어의 의미 변화가 무엇인지, 그리고 그 원인으로는 어떤 것들이 있는지에 대해서 알아보았습니다. 의미 변화가 어떻게 일어나는지 설명하면서 새로운 의미가 생겨나서 여러 의미들이 한 단어 안에 담기는 과도기적 시점에 대한 설명을 했는데요. 이 과도기적 시점에 관찰되는 현상인 다의성에 대해서 다음 강의에서 이어서 조금 더 깊이 있게 알아보도록 하겠습니다.

04.
단어의 의미 변이

이번에 다뤄볼 주제는 단어의 의미 변이입니다. 의미 변이(meaning variation)란 무엇일까요? 언어는 형식과 의미로 구성된다고 말씀드린 바 있는데요, 하나의 형식이 둘 이상의 의미를 가지는 현상을 의미 변이라고 합니다.

우리는 앞서서 단어를 그 형성법에 따라서 단일어와 복합어로 구분하는 체계에 대해서 공부한 적이 있습니다. 그런데 이번에는 기준을 바꿔서, 어떤 단어가 단일한 의미를 가지고 있는지 아니면 여러 의미를 가지고 있는지에 따라서도 단어의 유형을 분류할 수 있는데요. 이렇게 의미 변이에 따라서 보면 단어는 단의어와 다의어로 나눌 수 있습니다.

단의어는 하나의 의미만을 가지고 있는 단어입니다. 이와 달리 다의어는 여러 의미를 가지고 있는 단어인데요. 새로운 사물이나 현상 등이 생겨나면 그것을 가리킬 새로운 명칭이 필요해집니다. 그럴 때마다 우리는 형태적으로 새로운 신어를 만들어내기도 하지만 기존에 있던 단어를 활용하는 경우도 많이 있습니다. 즉 현재 사용하고 있는 단어의 의미 영역을 넓혀서 새로운 개념을 수용하는 것이지요. 이처럼 기존의 단어가 의미를 확장하는 것은 언어가 가지고 있는 특성 중 하나로, 이러한 언어적 현상을 다의성(polysemy)이라고 합니다. 그러면 다의어에 대해서 예시를 통해서 알아보도록 하겠습니다.

우리가 일상적으로 사용하는 단어 중에 특히 다의어가 많습니다. 대표적으로 동사 '먹다'의 예시를 살펴볼까요? 여러분이 사전에서 '먹다'를 찾아보시면 아래와 같이 생각보다 많은 의미 항목들이 기술되어 있습니다.

「1」 음식 따위를 입을 통하여 배 속에 들여보내다.

　　밥을 먹다.

「2」 담배나 아편 따위를 피우다.

　　담배를 먹다.

「3」 연기나 가스 따위를 들이마시다.

　　연탄가스를 먹다.

「4」 어떤 마음이나 감정을 품다.

　　한번 먹은 마음이 변하지 않도록 하자.

「5」 일정한 나이에 이르거나 나이를 더하다.

　　네 살 먹은 아이.

「6」 겁, 충격 따위를 느끼게 되다.

　　겁을 먹다.

「7」 욕, 핀잔 따위를 듣거나 당하다.

하루 종일 욕만 되게 먹었네.

「8」 (속되게) 뇌물을 받아 가지다.

뇌물을 먹다.

「9」 수익이나 이문을 차지하여 가지다.

남은 이익은 모두 네가 먹어라.

「10」 물이나 습기 따위를 빨아들이다.

솜이 물을 먹어 무겁다.

(하략)

이것은 국립국어원에서 발간한 〈표준국어대사전〉이라는 사전의 예시인데요. 구체적인 의미 내용이나 기술 방식은 사전마다 다를 수 있지만, 대체적으로 열 개가 넘는 의미들이 기술되어 있음을 알 수 있습니다. '먹다'는 음식을 먹는 것 이외에도 '담배를 먹다, 연탄 가스를 먹다, 나이를 먹다, 겁을 먹다, 뇌물을 먹다' 등등과 같이 쓰일 수 있어서 아주 다양한 의미를 가지고 있습니다.

그러나 어떤 사전이든지 공통적으로 첫 번째로 기술되는 의미는 거의 동일합니다. 사전을 집필할 때, 어떤 단어가 다의어인 경우에는 중심의미를 1번 의미 항목으로 기술하도록 되어 있기 때문인데요. '먹다'가 열 개가 넘는 의미를 가지고 있지만 그중에 가장 중심이 되는, 근본이 되는 의미는 제일 첫 번째에 기술되어 있는 의미, 하나입니다. 바로 음식을 입을 통해서 배 속에 있는 내장 기관으로 들여보내는 행위를 나타내는 것이지요. 다른 나머지 의미들은 이러한 중심의미로부터 파생되어 나온 의미이므로 파생의미라고 부르기도 하고,

중심의미의 주변에 있는 의미라는 점에서 주변의미라고 부르기도 합니다.

정리해 보면, 다의어가 가지고 있는 여러 의미들 중에서 가장 기본적이고 핵심적인 의미를 중심의미라고 합니다. 우리의 예시인 '먹다'에서는 '음식을 입을 통해서 배 속에 있는 내장 기관으로 들여보내는 행위'를 나타내는 의미가 중심의미가 되고요. 또 중심의미가 문맥이나 상황에 따라서 그 범위가 확장되어 다른 의미를 갖게 되는데, 이러한 의미를 '주변의미', 또는 '파생의미'라고 합니다. '먹다'의 예에서 하나의 중심의미를 제외한 다른 모든 의미들은 주변의미가 됩니다.

우리가 관심을 가지고 있는 '신어' 중에서도 의미적 신어들은 이처럼 기존에 있던 단어들이 문맥이나 상황에 따라서 새로운 의미를 획득하게 된 경우에 해당됩니다. 방금 살펴보았던 '먹다'의 주변의미들도 처음에 생겨났을 때에는 의미적 신어였을 것입니다. 그런데 여러 사람들이 일반적으로 두루 사용하게 되면서 그 단어의 의미가 공인화되어 사전에 등재되는 데까지 이르게 된 것이지요.

의미적 신어의 예시로 앞에서 '고구마'에 대한 설명을 드린 적이 있는데요. 고구마는 원래 음식으로 섭취할 수 있는 특정한 덩이뿌리, 또는 그 식물을 나타내는 의미만을 가지고 있었지만 답답한 상황을 나타내는 새로운 의미도 나타나게 된 것입니다. 사람들이 흔히 영화나 드라마의 전개가 속시원하지 않고 지지부진하거나 답답한 양상을 보일 때 '고구마 같다'고 표현하기 시작하면서 이러한 의미적 신어가 생겨나게 된 것으로 보입니다.

그러면 왜 사람들은 답답한 상황에 대해서 하필이면 '고구마' 같다고 표현하게 되었을까요? 그 이유는 '고구마'와 '답답함'에 대한 의미적 관련성이 있기 때문입니다. 한국 사람들은 보통 고구마를 찌거나 구워서 먹는 경우가 많은데요. 이렇게 찌거나 구운 고구마의 식감은 퍽퍽한 경우가 많아서, 물이나 우유를 곁들여 먹지 않으면 목으로 넘기는 것이 쉽지 않은 경우가 많습니다. 다수의 한국 사람들이 공통적으로 경험한 이러한 퍽퍽한 질감이 곧 '답답하다'라는 마음 상태와 의미적 관련성을 맺게 된 것입니다.

  그런데 여기에서 나아가 '고구마'에 새로운 의미가 하나 더 생겨났다고 합니다. 바로 판다의 배설물을 가리켜서 '고구마'라고 부른다는 것인데요. 이것은 한국의 한 동물원에 살고 있는 판다를 보여주는 인터넷 예능 프로그램이 인기를 끌면서 새롭게 나타난 의미적 신어라고 합니다. 그 예능 프로그램에서 사육사들이 판다의 배설물에 대해서 '고구마'라고 부르는 장면이 자주 나오고, 이것이 판다를 사랑하는 팬들에 의해서 널리 퍼지게 되면서 유행어가 된 것입니다.

  그렇다면 판다의 배설물을 왜 하필이면 '고구마'라고 부르게 된 걸까요? 그 이유는 바로 시각적 유사성 때문입니다. 실제로 판다의 배설물은 찐 고구마와 매우 비슷하게 생겼습니다. 어떤 사회적 금기가 있을 때, 직접적으로 언급하는 것이 사회적으로 예의가 아니거나 금기시되는 경우에 그 단어를 대체할 만한 다른 표현을 사용하다 보니까 의미 변화가 일어나기도 한다는 것을 기억하실 것입니다. 아무리 동물의 배설물이라고는 하지만 아무래도 예능 프로그램에서 배설물을 직접적으로 언급하는 것이 유쾌하지는 않겠지요? 그렇다 보니까 시각적 유사성을 가지고 있는 '고구마'라는 단어를 사용해서 완곡하게 표현하게 된 것이, 이러한 의미적 신어의 탄생을 낳은 것으로 보입니다.

이처럼 어떤 단어가 새로운 의미를 획득해서 다의어가 될 때, 그 의미끼리는 서로 밀접한 관련성을 가지고 있습니다. 이것이 곧 다의어의 조건이기도 합니다. 즉 다의어라면 그 의미들끼리 서로 어떤 연관성을 가지고 있어야 한다는 것인데요. 여기에서 다의어와 동음이의어의 구분이 발생하게 됩니다. 우리가 지금까지 의미 변이에 대해서 알아본 개념은 다의어였지만, 이와 비슷하게 하나의 형태가 여러 다른 의미를 나타내는 경우로 또 다른 개념인 동음이의어가 있습니다. 동음이의어는 말 그대로 음성 형태가 같지만 뜻은 다른 단어들을 가리키는 것인데요. 하나의 중심의미, 그리고 그 중심의미로부터 파생되어 서로 관련성을 가지는 주변 의미들로 구성된 다의어와는 달리, 동음이의어는 순전히 우연히 두 개 이상의 단어가 같은 형식을 가지고 있는 경우입니다. 대표적인 예시로 '배'를 들 수 있는데요. 사람이나 동물의 특정한 신체 부위를 나타내는 낱말인 '배'도 있고, 물 위로 떠다니도록 만든 교통수단을 가리키는 '배'도 있습니다. 그리고 과일 중 하나인 '배'도 있지요. 이러한 세 가지의 배는 모두 '배'라는 형태를 가지고 있어서 형태적으로는 동일하지만, 그 의미들은 모두 제각각으로서, 어느 하나의 중심의미로부터 갈라져 나온 것이라고 볼 수가 없습니다. 그냥 우연히 같은 형태를 가지고 있는 것이지요. 따라서 이러한 경우에는 다의어가 아니라 동음이의어가 되는 것입니다.

우리가 관심을 가지고 있는 의미적 신어들은 동음이의어가 아니라 다의어의 측면에서 설명할 수 있습니다. 앞서 말씀드렸던 '고구마'의 사례로부터 알 수 있는 것처럼, 기존에 사용되던 단어가 의미적 신어로 사용될 때, 어떤 의미적 관련성으로 인해서 그러한 의미적 신어가 나타나게 되는 것이 일반적이기 때문입니다.

이제까지 의미적 신어를 이해하기 위한 배경지식으로 단어의 의미 변화와 의미 변이에 대해서 공부해 보았습니다. 여기에서 배운 내용

K-예능과 새로운 우리말

을 토대로 의미적 신어에 대한 더 자세한 설명은 4장에서 이어 나가도록 하겠습니다.

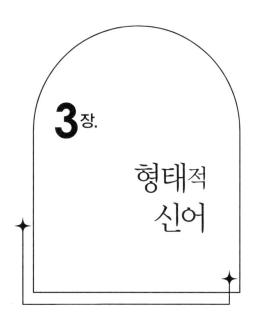

3장.

형태적
신어

3장.

형태적 신어

01.
형태적 신어의 개념과 유형

　　이번 장에서는 형태적 신어에 대해서 본격적으
로 공부해 보려고 합니다. 형태적 신어는 다른 말
로는 신형어(新形語)라고 하기도 하는데요, 신어 중
에서 가장 큰 비중을 차지하기도 하고, 이제까지
학계에서도 가장 많이 연구되어 온 유형이기도 합
니다. 여러 유형의 신어 가운데서도 가장 흔하게
관찰되는 유형이기 때문에 보통 '신어'라고 하면 일
반적으로 이 형태적 신어를 일컫는 경우가 많습니
다. 이 때문에 그동안 신어에 대한 연구는 주로 형

태적 신어를 위주로 해서 진행되어 온 측면이 있습니다.

이 장에서부터는 본격적으로 K-예능의 한 장면을 통해서 신어들을 만나보도록 하겠습니다.

K-예능에서 신어 만나기

<지구오락실>이라는 예능 프로그램의 한 장면. 출연자 중 한 명의 집들이에 나머지 출연자들이 초대된 상황입니다. 한 출연자가 자신이 집들이 선물로 준비해 온 선물이 매우 특별하다고 강조하면서 직접 포장을 벗겨서 보여주는 장면이 있는데요. 이 멤버가 가져온 집들이 선물, 과연 무엇이었을까요? 정답은 바로 '불멍 기계'입니다. '불멍'이라는 말, 들어보셨나요?

'불멍'은 '불을 멍하니 보는 것'에서 만들어진 신어로, 불꽃의 움직임을 멍하니 바라보며 시간을 보내는 일을 뜻합니다. 이것은 여가 생활로 캠핑을 즐기는 사람들이 많아지면서 나타난 신어 중 하나인데요, 휴일에 탁 트인 야외에서 캠핑을 하면서, 아무 생각 없이 이글이글 타오르는 불꽃을 멍하니 바라보고 있으면 잡생각과 스트레스가 사라진다고 하면서 불멍을 즐기는 사람들이 많아졌습니다. 이렇게 불멍이 인기를 끌자, 실내 공간에서도 불멍을 안전하게 즐길 수 있도록 해 주는 실내용 불멍 기계들도 등장했다고 하네요.

'불멍'과 같은 말들은, 기존에는 없었지만 새로이 만들어진 말입니다. 물론 그 재료는 기존에 있던 말의 재료를 활용한 것이지요. '불을 멍하니 보다'라는 구절에서 '불'과 '멍'을 따와서 합친 말이니까요.

그러나 어쨌든 '불멍'이라는 단어 자체는 기존에 없었던 말이기 때문에, 기존에 있었던 말이 새로운 의미를 가지게 된 경우와는 달리, 형태부터 새롭게 창조된 것이라고 보아야 합니다. 이러한 형태적 신어의 개념에 대해서 학문적으로 말하면 '어휘부에 새로이 등장한 새로운 형태의 신어'라고 할 수 있습니다. 어휘부(lexicon)라는 것은 우리 머릿속에 있는 가상의 사전인데요, 한 언어를 사용하는 화자들은 그 언어에 대한 머릿속 사전을 가지고 있다고 볼 때, 그 사전을 가리키는 용어입니다.

그렇다면, 형태적 신어의 세부 유형으로는 어떤 것들이 있을까요? 형태적 신어는 그 형태부터 새롭게 만들어진 것이기 때문에, 그 단어의 형태가 어떻게 만들어진 것인가, 즉 단어형성법에 따라서 세부 유형을 구분하는 것이 일반적입니다. 우리가 2장에서 이 부분을 이해하기 위한 언어학적인 지식을 조금 공부했었던 것, 기억나실 텐데요. 전통적인 단어 형성법은 합성이나 파생과 같이, 어근이나 접사 등의 단어 형성 재료들이 모여서 복합어를 이루는 방법에 대한 것을 다루었기 때문에 결과적으로 만들어진 단어는 형식적으로 음절 수가 증가하는 것이었습니다. 그러나 특히 신어의 경우에는 음절 수가 감소하는 방향으로 형성되는 경우가 많기 때문에 형식적 감소에 의한 단어 형성법에 대해서도 두루두루 공부한 바가 있었지요.

이렇게 볼 때, 형태적 신어의 세부 유형을 단어 형성법을 기준으로 해서 분류한다면 다음과 같이 분류해 볼 수 있습니다.

우선 형식적 증가에 의한 단어 형성법으로 합성과 파생에 의해 만들어진 신어가 있겠고요, 그리고 형식적 감소에 의한 단어 형성법 으로는 우리가 절단어, 혼성어, 그리고 축약어에 대해서 공부한 적 이 있었습니다. 혼성어는 그 형성 과정 안에 절단이라는 절차를 포 함한다는 점으로 볼 때 절단어와 혼성어가 밀접하게 관련을 맺고 있 다고 볼 수 있습니다. 그리고 신어 중 가장 많이 관찰되는 유형으로 축약어가 있고요. 음운론적인 기제에 의해서 형성되는 신어들도 따 로 모아서 살펴볼 필요가 있겠습니다. 앞으로 이 각각에 해당되는 신 어는 어떤 것들이 있는지를 개별 단어의 예시와 함께 하나씩 공부해 보도록 하겠습니다.

이렇게 해서 신어 중 가장 많은 비중을 차지하는 유형이죠, 형태 적 신어에 대해서 알아보았습니다. 이후로는 형태적 신어의 세부 유 형별로 조금 더 자세히 공부해 보도록 할 텐데요, 합성어와 파생어 에 대해서 먼저 알아보고 이후로는 절단어와 혼성어, 그리고 축약어 와 음운론적 변형에 의해 형성된 신어들에 대해서 알아보겠습니다.

02.
합성어 및 파생어

　　형태적 신어의 여러 가지 유형 중에서 첫 번째로 합성어와 파생어의 사례를 살펴보려고 합니다. 합성어와 파생어는 형식적 증가에 의해서 형성되는 단어들이라는 점에서 공통점이 있는데요, 이전 2장에서도 우리가 공부해 본 것과 같이 전통적인 단어 형성법에서 주로 논의되어 온, 주류 단어 형성 방법에 해당되는 것들이라고 볼 수 있겠습니다.

　　그럼 형태적 신어 중에서 합성어에 해당되는 사례를 먼저 케이 예능 프로그램을 통해서 만나 보시겠습니다.

K-예능에서 신어 만나기

'서진이네'라는 예능 프로그램의 한 장면. 이 프로그램은 출연자들이 해외에서 직접 한국 음식점을 운영하면서 생기는 여러 에피소드들을 주된 내용으로 하고 있습니다. 이서진이라는 출연자가 사장 역할을 하고 최우식과 김태형이라는 두 출연자가 식당의 인턴 직원 역할을 맡았는데요. 지금 보시는 에피소드는 최우식

인턴이 '이제 식당 영업을 그만 끝내고 쉬고 싶다'라고 한 말을 김태형 인턴이 사장인 이서진에게 몰래 전달한 상황을 담고 있습니다. 최우식 인턴은, 사장에게는 들키고 싶지 않았던 자신의 마음을 담은 말이, 사장의 귀에 들어간 것도 모르는 채로 혼자 멍하니 앉아 있고요. 모든 상황을 다 알고 있는 사람 입장에서는 그 모습을 몰래 지켜보는 것이 아마도 무척 재미있겠지요? 이때 나타난 자막이 바로 '관전잼'입니다.

'관전'은 주로 운동 경기나 바둑 대국 같은 것을 구경하는 것을 나타내는 명사고, '잼'은 '재미'가 줄어든 말인데, 주로 단독으로 쓰이기보다는 다른 말에 붙어서 합성어를 형성하는 재료로 활용되는 경우가 많습니다. 즉 새로이 형성된 어근으로 볼 수 있는 것이지요. 그밖에도 매우 재미있는 것에 대하여 '꿀잼'이라고 하는 말도 아마 들어보신 적이 있으실지 모르겠는데요. 이것 역시 '꿀'이라는 어근과 '잼'이라는 어근이 만나서 새로이 형성된 합성어 신어의 사례로 볼 수 있겠습니다.[4]

이렇게 '잼'이라는 새로운 어근과 결합하여 형성된 신어의 예시를 살펴보았는데요, 그런데 신어 합성어가 언제나 새롭게 만들어진 어근을 포함하는 것은 아닙니다. 합성어를 구성하는 어느 부분도 새롭게 만들어진 형태가 아니지만, 기존에는 없었던 새로운 결합을 통해서 만들어지는 합성어 신어의 사례도 찾아볼 수 있는데요, 예를 들

---

4   '꿀잼'이라는 단어에 대해서 더 알아보고 싶으신 분은 아래 링크의 영상을 참고해 보십시오.
https://www.youtube.com/watch?v=GR-u4o1J9Q0

면 '반려동물' 같은 단어가 그렇습니다. 기존에도 '반려'라는 말과 '동물'이라는 말이 모두 존재했었지만, '반려'가 '동물'과 결합하여 쓰이는 용법은 새롭게 생겨난 것입니다. '반려동물'이라고 하면 '사람이 정서적으로 의지하며 가까이 두고 기르는 동물'을 나타내는 말인데요, 기존에는 '애완동물'이라고 부르던 것을 대체하도록 새로 생겨난 합성어라고 할 수 있습니다.

다음으로 형태적 신어 중에서 파생어에 해당되는 사례를 살펴볼 텐데요, 앞서 살펴보았던 합성어와 마찬가지로 케이 예능 프로그램을 통해서 여기에 해당되는 단어를 만나 보도록 하겠습니다.

K-예능에서 신어 만나기

'신서유기 5'라는 예능 프로그램의 한 장면. 출연자들은 어떤 식당에 있는데요, 출연자들이 함께 간단한 미션을 수행하고, 모든 출연자들이 미션을 잘 수행한 경우에만 식당에서 나오는 맛있는 음식을 먹을 수 있는 상황입니다. 이때 미션은 '리'로 끝나는 단어를 한 사람 당 한 개씩 말하는 것이었는데요, 사실 이것은 매우 쉬운 미션이었습니다. 한국 사람들이 아주 어렸을 때부터 다들 알고 배워본 노래 중에 '리 리 리 자로 끝나는 말은, 개나리 보따리 댑싸리 소쿠리 유리 항아리'라는 노래도 있으니까요. 누구나 아는 이 노래에 나오는 단어를 하나씩만 말해도 되는 간단한 게임이었던 것이지요. 그런데 이렇게 간단한 단어를 말하지 못한 출연자가 나왔는데 바로 강호동 씨입니다. 강호동 씨가 이렇게 쉬운 단어를 말하지 못했고, 이 때문에 덩달아서 음식을 못 먹게 된 다른 출연자들이 핀잔을 줄 때 강호동 씨의 마음이 어땠을까요? 아마도 '핵당황' 상태였을 것입니다.

이 '핵당황'이라는 말은 '놀라서 어찌할 바를 모름'이라는 뜻을 가지는 명사 '당황' 앞에 신생 접두사인 '핵'이 붙어서 만들어진 신어로, 접두파생법에 의해 형성된 신어의 사례로 볼 수 있습니다. '핵(核)'이라는 단어는 원래 사물이나 현상의 중심을 나타내는 말, 또는 '핵 폭탄'이나 '핵 무기'를 줄여서 일컫는 말로 사용되던 명사인데요, 다른 명사의 앞에 붙어서 '정도성이 높음'을 강조하는 의미를 가지는 접두사로 사용되는 새로운 용법이 부쩍 많이 발견되고 있습니다. 방금 설명드렸던 단어 '핵당황' 외에도 '무척 바쁘다'는 뜻으로 '핵바쁨'이라는 말을 만드는 식으로 '핵'이라는 새로운 접두사가 많은 파생어들을 만들어내고 있습니다. 그렇다면 '핵이득'은 무슨 뜻일까요? 네, 무척 큰 이득이라는 뜻입니다.

그런데 파생법에는 방금 살펴보았던 접두파생법 외에도 접미사에 의한 파생, 즉 접미파생법도 있지요? 무척 높은 생산성을 보이며 많은 파생어들을 만들어내고 있는 접미사 중에 하나로 '족'을 들 수 있습니다. '족'은 원래는 민족 이름을 나타내는 명사 뒤에 붙어서 '민족'의 뜻을 더하는 접미사였는데요, 예를 들어서 '게르만족', '몽골족' 등과 같이 쓰입니다. 그런데 이 접미사의 의미 범주가 확장되면서 몇몇 명사 뒤에 붙어서 '어떠한 특성을 가지는 무리, 또는 그 무리에 속하는 사람'이라는 뜻을 나타내는 접미사로 활발하게 쓰이게 되었습니다. 대표적인 것으로는 '혼밥족', '캥거루족', '욜로족' 등을 들 수 있겠는데요. 혼밥족이란 '혼밥'을 주로 하는 사람들을 뜻하고요. 캥거루족은 아기 캥거루가 어미 캥거루의 주머니 속에서 생활하는 것에서 착안한 말로, 자립할 나이의 성인이 되어서도 독립적으로 살아가지 않고 부모에게 경제적으로 의지하는 사람들을 가리키는 말입니다. '욜로족'이라는 말은 영어의 두문자어에서 유래한 'YOLO'에 접미사 '족'이 붙어서 만들어진 말로, '욜로하는 사람들'이라는 뜻입니다. 이때 욜로란, 'you only live once'라는 어구를 줄여서 만든 두문자어인데요, 다시 말해 욜로족은 현재의 행복을 중요하게 여기며 생활하는 사람들을 뜻하는 신어인 것입니다.

이처럼 접미사 '족'이 붙어서 만들어진 신어들 외에도 '어떠한 특성을 가지는 사람'을 나타내는 신어들은 그 종류도 매우 많고 끊임없이 매우 생산적으로 새로운 단어가 계속해서 만들어지는 부류이기도 합니다. 따라서 이렇게 '사람'의 의미 범주에 속하는 신어들은 이후 의미 범주별 신어의 유형을 다루면서 다시 한번 자세하게 공부해 볼 기회를 갖도록 하겠습니다.

그럼 다음 강의에서는 합성어와 파생어에 이어서 절단어와 혼성어에 대해서 알아보도록 하겠습니다.

K-예능과 새로운 우리말

03.
절단어 및 혼성어

　이번에는 형태적 신어 중에서도 절단어와 혼성어에 대해서 자세히 공부해 보도록 하겠습니다. 앞서서 합성어와 파생어에 해당되는 신어의 사례를 예능 프로그램에 등장한 단어의 예시를 통해서 알아보았는데요, 합성어와 파생어는 모두 형식적 증가에 의한 단어 형성법의 유형에 해당된다는 점을 말씀드린 바 있습니다. 그런데 우리가 이미 공부했던 것과 같이, 신어 중 굉장히 많은 수들은 형식적 증가가 아니라 오히려 반대로 형식적 감소의 결과를 낳는 방향으로 만들어진다는 것을 주목해 볼 필요가 있습니다. 이러한 점에 초점을 두고 최근에는 많은 언어학자들이 이렇듯 형식적 감소를 불러일으키는 방향의 단어 형성법에 대한 논의를 활발히 하고 있는데요, 이번 시간에는 그중에서도 절단어와 혼성어의 사례를 자세히 알아보려고 합니다.

　먼저 2장에서 배웠던 내용을 간단하게 복습해 보겠습니다. 우선 절단이란, 한 단어의 일부 형식을 잘라냄으로써 새 단어를 만드는 과정이고, 이렇게 만들어진 단어를 '절단어'라고 한다고 배웠습니다. 기억나시지요? 그럼 이 절단어가 K-예능 프로그램에 나온 사례를 함께 보시겠습니다.

이러한 절단어는 '내비게이션'의 '내비'나 '훨씬'의 '훨' 등과 같이 단어의 첫 부분을 살려 쓰는 경우가 많은데요, 언제나 그런 것은 아닙니다. 다음 예를 보실까요?

> 예 드립 (← 애드립)
> 예 냥이 (← 고양이)

'드립'은 영어 단어 'ad lib'을 음차한 뒤에 뒷부분의 음절만을 남겨서 만든 신어입니다. '애드립'은 주로 연극이나 방송 등에서 배우들이 대본에 없는 대사를 즉흥적으로 하는 일이나 그런 말을 나타내는 말인데요, 여기에서 만들어진 신어 '드립'은 '남을 웃기기 위해서 즉흥적으로 하는 말'이라는 의미를 가지게 되었습니다.

'냥이'의 경우 '고양이'에서 온 절단어로, '드립'과 마찬가지로 뒷부분을 활용하는 경우입니다. '고양이'를 '고'와 '양이'로 절단한 후에 뒷부분인 '양이'를 활용하여 만들어진 신어인데요, '양이' 앞에 /ㄴ/ 소리가 덧붙여져서 '냥이'가 되면서 고양이의 울음 소리와 더 비슷하게 느껴지는 음성적 효과를 거두게 된 것으로 생각됩니다. '냥이'의 의미는 그 원래 형식이었던 '고양이'와 동일한데요, '애드립'과 '드립'의 의미가 서로 완전히 동일하지 않았던 것과는 다른 점입니다.

다음으로는 혼성어의 경우를 살펴보도록 하겠습니다.

혼성어의 개념 역시 지난 2장에서 이미 공부를 한 적이 있는데요, 다시 한번 짧게 복습해 볼 필요는 있겠지요. 혼성어란, 두 단어 중 일부 또는 전체를 절단한 후에 이들을 결합하여 만든 새로운 단어를 뜻합니다. 다시 말해, 두 단어가 있을 때 각각을 임의의 경계에서 절단하고, 그 다음에 한 부분씩을 이어 붙여서 단어를 형성하는 과정이 곧 '혼성'이라는 단어 형성 방법이고요, 이렇게 만들어진 단어가 '혼성어'인 것입니다.

그런데 이러한 혼성어는 더 세부적으로 유형을 다시 나눠볼 수도 있습니다. 바로 완전혼성어와 반(半)혼성어인데요, 완전혼성어는 두 단어가 모두 삭감을 거친 후에 결합하여 만들어진 혼성어로, 일반

적이고 전형적인 혼성어의 형성 과정을 거치는 것이라면, 반혼성어
는 원형 단어 중 하나에서만 삭감이 일어나고, 나머지 다른 하나는
온전한 형태를 유지한 채로 결합하여 만들어진 경우가 해당됩니다.
이 두 유형의 혼성어에 대해서 예시를 통해서 더 설명해 보도록 하겠
습니다.

예 초통령 (← 초등학생 + 대통령)
예 먹부심 (← 먹다 + 자부심)

자, 여기 있는 단어를 함께 보시겠습니다. '초통령'과 '먹부심'은 모
두 완전혼성어의 예시인데요. 먼저 '초통령'은 초등학생의 '초'와 대통
령의 '통령'이 결합하여 만들어진 것으로, 초등학생들 사이에서 인기
가 아주 많은 사람이나 연예인 등을 가리키는 말입니다. 원형 단어
인 '초등학생'은 '초'로 삭감되었고 '대통령'은 '통령'으로 삭감되어서,
'초등학생'과 '대통령' 두 단어 모두에서 절단이 일어난 것을 알 수 있
습니다.

'먹부심'의 경우 '먹다'라는 동사와 '자부심'이라는 명사가 각각 절
단된 뒤에 일부분끼리 결합하여 만들어진 것으로 역시 완전혼성어
의 예시가 됩니다. '먹는 것에 대해서 가지는 자부심'을 뜻하는 말로,
누군가가 "나는 먹부심이 있다."라고 한다면 그 사람은 자신이 먹는
것을 잘한다는 사실에 대해서 자부심이 있다는 뜻이 됩니다. 이 단
어 역시 '먹다'와 '자부심'이라는 두 개의 원형 단어 모두에서 절단이
이루어진 후에 결합하였기 때문에 완전혼성어가 됩니다.

K-예능과 새로운 우리말

그러면 반혼성어에는 어떤 단어들이 있을까요?

여기 있는 단어들을 반혼성어의 예시로 들 수 있겠습니다.

> **예** 길냥이 (← 길 + 고양이)
>
> **예** 뇌피셜 (← 뇌 + 오피셜)

길냥이는 길고양이를 뜻하는 단어인데요, '길'과 앞서 언급했던 절단어죠 '냥이'가 만나서 만들어진 것으로, 두 번째 원형 단어인 '고양이'에서는 삭감이 일어났지만 앞 부분의 원형 단어인 '길'은 그대로 보존되어 있기 때문에 반혼성어로 볼 수 있습니다. 그리고 '뇌피셜'의 경우 객관적인 근거가 없이 자신의 생각만을 근거로 한 추측이나 주장을 이르는 말로, '뇌'와 영어 '오피셜'을 절단한 '피셜'을 결합하여 만든 단어입니다. 영어 단어 '오피셜'은 공식적인 발표나 입장을 나타낼 때 주로 사용되는 말이지요? 그런데 그 앞에 '뇌'를 붙임으로써 공식적이거나 확인된 것이 아닌, 머릿속에서 지어낸 근거 없는 추측이라는 뜻을 표현한 것입니다. 이 단어 역시 앞 부분의 단어인 '뇌'가 그 원형이 보존되어 있기 때문에 반혼성어에 해당됩니다. '길냥이'의 '길'이나 '뇌피셜'의 '뇌' 처럼 형식 삭감 없이 혼성어 형성에 참여한 단어들의 경우 이미 그 자체로 1음절어이기 때문에 더 줄이는 것이 불가능한 경우가 많은데요. 또다른 예시로는 '숲세권'의 '숲', '홈캉스'의 '홈' 같은 것들을 들 수 있겠습니다.

혼성어가 가지는 흥미로운 특징이 한 가지 있습니다. 바로 혼성어의 음절 수는 뒤에 붙는 형식의 원형 단어의 음절수를 반영하는 경우가 대부분이라는 것입니다. 위의 예들을 다시 한번 보실까요? '길'과 '고양이'가 만난 경우에는 '길냥이'로 '고양이'와 같은 3음절어가 만들어졌고요. '뇌'와 '오피셜'이 만난 경우에는 '뇌'가 아니라 '오피셜'과 같은 3음절어가 만들어졌습니다. 그렇다면 혹시 혼성어는 보통 3음절로 만들어진다고 볼 수 있는 것은 아닐까요? 그렇지 않습니다. 예를 들어 '대프리카'라는 말이 있는데요, 이것은 한국의 도시 중 하나인 '대구'와 '아프리카'를 원래 형식으로 가지는 혼성어로, 대구가 마치 아프리카처럼 덥다는 뜻에서 '대구'라는 도시에 붙여진 별명입니다. 그런데 이 '대프리카'는 4음절이지요? 뒤에 붙는 말의 원래 단어인 '아프리카'가 4음절인 것이 반영되어 최종 혼성어도 4음절인 '대프리카'가 된 것입니다. 이렇게 혼성어가 만들어질 때, 뒤에 붙는 형태의 원래 단어의 음절수를 따르는 것은, 일반적으로 혼성어의 문법적·의미적 핵심으로서의 역할을 하는 것은 뒤에 오는 단어인 경우가 많기 때문입니다.

이렇게 해서 이번 강의에서는 절단어와 혼성어에 대해서 공부해 보았는데요. 이러한 절단어와 혼성어들은 형태를 줄여서 경제적으로 말하면서도 표현 효과는 그대로 살리고자 하는 언중의 의도를 잘 보여주는 것이라고 볼 수 있겠습니다. 그런데 이처럼 언어의 경제적 사용이라는 동기가 가장 잘 나타나는 또 하나의 유형은 바로 축약어라고 할 수 있습니다. 그럼 다음 강의에서는 이 축약어에 대해서 자세히 알아보도록 하겠습니다.

04.
축약어

이번에는 형태적 신어 중에서도 축약어에 대해서 공부해 보도록 하겠습니다. 축약어는 한국어의 형태적 신어 중 사실상 가장 많은 비중을 차지하는 부류로, 합성어나 구, 절 등과 같이 더 긴 형태에서 일부 음절만을 따다가 만든 줄임말입니다.

그럼 먼저 예능 프로그램을 통해서 축약어의 사용 사례를 함께 보시겠습니다.

K-예능에서 신어 만나기

'지구오락실'이라는 프로그램의 한 장면. 출연자들이 여러 가지 게임을 하고 있는데요. 그중에 출연자 중 한 명인 영지 씨가 사자성어 맞추기 게임을 하고 있습니다. 결과는 성공이었을까요? 영지 씨는 게임을 상당히 잘하다가 거의 마지막에 가서 실수를 하는 바람에 결국에는 실패를 하게 되고 말았습니다. 바로 이런 상황에서 '졌잘싸'라는 자막이 등장합니다.

'졌잘싸'라는 단어, 들어보셨나요? 이 단어는 '졌지만 잘 싸웠다'라는 문장에서 각 어절의 첫 번째 음절만 따서 모아 만든 단어인데요. 말 그대로 비록 지거나 실패했지만 최선을 다한 경기를 했을 때 쓸 수 있는 말입니다.

이러한 축약어에 대해서는 '두음절어'라는 용어도 많이 사용되지만, 이 책에서는 2018년에 출간된 〈한국어 표준 문법〉을 따라서 '축약어'라는 용어를 사용하도록 하겠습니다. 축약어가 늘 각 어절의 머릿글자, 즉 두음절만을 가지고 만들어지는 것은 아니기 때문에 두음절어라는 명칭보다는 축약어라는 용어가 더 적절하다고 생각되기 때문입니다. 비교적 길이가 긴 원 형식으로부터 특정 음절을 선택하여 길이가 짧은 단어를 만들 때 언중들은 일반적으로 첫 음절을 선택하는 경향이 있는 것은 사실이지만, 그 결과가 기존에 존재하는 다른 단어와 음상이 같아서 혼동을 유발할 수 있는 경우나, 전체의 의미를 더욱 효과적으로 전달할 수 있는 다른 음절이 있는 경우에는 그 음절을 선택하여 사용하기도 하는 것입니다.

예를 들어서 '학생회관'의 축약어는 '학관'인데요, 이것은 '학생'에서 첫 음절인 '학'을 따오고 '회관'에서는 마지막 음절인 '관'을 따와서 만들어진 것입니다. 만일 '학생'과 '회관'에서 각각의 두음절을 따온다면 '학회'라는 단어가 만들어지는데, 이는 이미 존재하는 '학회'라는 다른 단어와 발음이 같아서 동음이의어가 되어버리기 때문에, 언중은 '학회'라는 축약어 대신에 '학관'이라는 축약어를 만드는 쪽을 선택하게 된 것이지요.

이러한 축약어는 앞에서 배웠던 절단어나 혼성어와 마찬가지로 형식적 감소에 의한 단어 형성 방식으로 만들어지는 단어들입니다. 그런데 구체적으로 그 형성 방법을 살펴보면 절단어나 혼성어와는 다소 차이가 있는데요. 절단어의 경우 '내비게이션'을 '내비'라고 하는 것처럼 그 원 형식이 하나의 단어이고, 단어 내부의 실제적 경계와 무관하게 임의의 자리에서 절단이 일어난다는 말씀은 2장에서 설명한 적이 있습니다. 이와 달리 축약어는 둘 이상의 구성 요소로 이루어진 구나 절, 심지어 문장이 그 원래 형식이라는 점에서 절단어와 다르고요. 이렇게 각 구성 요소에서 한 음절씩을 따다 붙여서 만들기 때문에 연속된 두 개 이상의 음절을 사용하는 절단어와 다릅니다.

축약어는 둘 이상의 구성 요소를 가지는 원형 단어로부터 만들어졌다는 점에 있어서는 오히려 혼성어와 유사한데요, 축약어는 보통 원형이 되는 구나 절에서 구성 요소 각각에서 한 음절씩만 취하여 만들어지는 반면, 혼성어는 그렇지 않다는 차이가 있습니다. 우리가 지난 시간에 혼성어의 예시로 '초통령'을 들었었는데요, 이 단어의 원형은 '초등학생 대통령'인데, 만일 이것을 축약어의 형성 기제를 따라서 신어로 만들었다면 아마도 '초대'가 되었을 것입니다. 축약어는 그 원형 구나 절의 각 구성 요소에서 한 음절씩을 취하는 것이 일반적이기 때문에 축약어의 음절수는 원형 구나 절의 구성 요소 수를 반영해서 만들어지는 경향이 있습니다. 앞에서 예로 들었던 '졌잘싸'의 경우에 '졌지만 잘 싸웠다'라는 3가지 구성 요소에서 한 음절씩을 취했기 때문에 결과적으로 3음절 단어가 된 것이지요. 그런데 앞선 시간에도 말씀드렸다시피, 혼성어의 음절 수는 이와 달리 뒤에 붙는 형식의 원형 단어의 음절수를 반영하는 경우가 대부분입니다.

이렇게 축약어가 앞에서 배웠던 절단어나 혼성어와 어떻게 다른지를 알아보았는데요, 축약어의 사례를 몇 가지 더 제시해 보겠습니다.

> **예** 치맥 (← 치킨 + 맥주)
>
> **예** 생파 (← 생일 파티)
>
> **예** 케바케 (← 케이스 바이 케이스)
>
> **예** 할많하않 (← 할말은 많지만 하지 않는다)

여러분 아마 '치맥'이라는 말은 많이들 들어보셨지요? 치킨과 맥주를 같이 먹는 사람들이 많기 때문에, 치킨과 맥주를 아우르는 말로 '치맥'이라는 축약어가 만들어졌습니다. 또 '생파'라는 말도 많이 쓰는 축약어 중 하나인데요, 생일 파티를 가리킵니다. '케바케'라는 말은 영어에서 온 것인데요 '케이스 바이 케이스(case by case)'에서 첫 번째 음절만을 따서 만든 말입니다. 마지막에 있는 '할많하않'이라는 말은 더 많은 삭감이 이루어져 있는데요, 원형이 되는 말은 '할말은 많지만 하지 않는다'라는 표현으로 단어나 구가 아니라 문장입니다. 이렇게 상당히 긴 표현을 불과 두서너 음절로 줄여서 만든 축약어는 언어의 경제적 운용을 선호하는 한국어 화자들의 특성을 잘 보여주고 있습니다.

이렇게 해서 이번에는 형식적 감소에 의해 형성된 단어들 중에서도 축약어에 대해서 알아보았습니다. 지면이 한정되어 있기 때문에 일부 예시만 소개했지만, 사실 예능 프로그램을 통해서 굉장히 많은 축약어들을 확인할 수 있는데요, 여러분도 예능 프로그램을 보실 때 이 점을 염두에 두고 보시면 신어들을 발견하는 재미가 더해지리라 생각합니다.

05.
음운론적 변형에 따른 신어

    계속해서 형태적 신어에 초점을 맞추어서 공부를 하고 있는데요, 그중에서 마지막으로 다룰 것은 음운론적 변형에 따른 신어입니다.

    바로 앞에서는 축약어에 대해서 공부했습니다. 이 축약어는 엄밀히 말하면 음절 축약어로 볼 수 있습니다. 음절을 기준으로 해서 경계를 만든 후에 그중 일부 음절들만 뽑아내어서 만든 것이기 때문입니다. 그런데 이러한 축약어와는 달리 음운론적인 기제에 의해서 축약된 단어들도 있습니다. 이러한 단어들을 일컬어서 '음운론적 축약어'라고 합니다.

    음운론적 축약어가 무엇인지 이해하기 위해서 먼저 음운론이라는 것은 무엇인지 알아보겠습니다. 음운론은 언어학의 세부 분야 중에 하나인데요, 바로 말소리에 대해서 연구하는 학문 분야입니다. 따라서 음운론적 축약어라는 것은 말소리가 줄어들어서 형성된 축약어를 말합니다. 음절이라는 경계 없이 개별 음소들이 서로 녹아붙어서 만들어진 단어들이라는 점에서, 이 음운론적 축약어들은 앞서 살펴보았던 축약어들, 즉 음절 단위로 취사선택이 이루어졌던 축약어들과 그 형성 방식에 차이가 있습니다. 그럼 음운론적 축약어의 몇 가지 예시를 살펴보도록 하겠습니다.

> 예 윰차 (← 유모차)
>
> 예 얼집 (← 어린이집)
>
> 예 샘 (← 선생님)

위의 예에서 '윰차'는 '유모차'가 음운론적으로 축약된 단어고요, '얼집'은 '어린이집', '샘'은 '선생님'이 줄어들어 만들어진 음운론적 축약어입니다. 위에서 살펴보았던 음절 단위의 축약어의 경우에는 보통 '유모차'나 '어린이집', '선생님' 같은 하나의 단어보다는 둘 이상의 구성 요소를 가지는 긴 구나 절을 바탕으로 해서 축약이 이루어졌었지요? 예를 들면 '졌지만 잘 싸웠다'를 줄여서 '졌잘싸'라고 하거나, '겉은 바삭하고 속은 촉촉하다'를 줄여서 '겉바속촉'이라고 하는 것처럼 말이지요.

그런데 음운론적 축약어는 하나의 단어를 원형 단어로 해서 이루어지는 경우가 대부분입니다. 보통 3음절 이상의 긴 단어가 더 짧아지는 방향으로 나타나는 경우가 많고요. 그 원형 단어에서 일부 음절을 잘라내는 것이 아니라 전체적으로 말소리를 합쳐서 뭉뚱그리는 방식으로 만들어진다는 점이 특징이라고 볼 수 있겠습니다.

그런데 이러한 음운론적 축약어들은 더 크게 보면 음운론적 변형에 의해서 새로운 형태가 만들어진 경우에 해당되는 것으로 볼 수 있습니다. 앞서서 공부했던 형태적 신어들은 대부분 형태들이 덧붙여지거나, 절단 등의 방식으로 삭감되거나 하는 식으로, 말하자면 형태론적인 방식으로 형성되는 경우에 해당되는 것들이 많았습니다. 그런데 이러한 형식적 증가나 감소 없이도 새로운 형태를 가지는 신어가 만들어지기도 하는데요. 바로 음운론적인 변형에 의해 만들어지는 단어들입니다. 이러한 경우를 음운론적 변형에 따른 형태적 신어로 볼 수 있는데요, 그 구체적인 단어로는 어떤 것이 있을까요?

우선은 여기에 해당되는 예시를 예능 프로그램을 통해서 함께 보시겠습니다.

K-예능에서 신어 만나기

'유퀴즈온더블럭'이라는 프로그램. 토크쇼 형식으로 진행되는 프로그램입니다. 이 프로그램에서 초대 손님들이 재치 있는 답변을 하자 이 프로그램의 사회자인 유재석 씨가 함박웃음을 짓고 있습니다. 이때 자막으로 '찐행복'이라는 말이 등장합니다.

'찐행복'이라는 말은 '참된 행복', '진짜 행복'이라는 뜻입니다. 이때 '행복' 앞에 붙은 접두사 '찐'은 사실 '진'에서 온 것으로, '진짜, 매우'라는 강조의 의미를 더해 주고 있습니다.

여기서 나온 '찐'은 '진'을 음운론적으로 변형시켜 만든 접두사입니다. '진(眞)'은 원래 한자어 접두사로 '참된', 또는 '진짜'의 뜻을 더하는 기능을 가집니다. '진'이 붙어 만들어진 파생어 중에 '진면모, 진면목'과 같은 단어들이 있습니다. 그런데 이 '진'을 '찐'으로 그 말소리만 조금 바꾸어서 만든 새로운 접두사가 바로 '찐'입니다. /ㅈ/ 소리가 /ㅉ/ 소리로 바뀌는 현상을 음운론적으로는 경음화 현상이라고 하는데요, 이렇게 경음화 현상이 일어나면 화자의 감정이나 정서가 더 강조되는 효과가 생기는 경우가 많습니다. 예를 들어 '소주'를 '쏘주'라고 하거나 '사나이'를 '싸나이'라고 할 때처럼 말이지요. '진'이 '찐'으로 경음화될 때에도 강조의 의미가 더욱 강화되는 측면이 있습니다. 그래서 '찐소름'이라고 하면 진짜 엄청나게 소름이 돋았다는 의미가 강조되고 '찐행복'이라고 하면 진짜 엄청나게 큰 행복이라는 의미가 강조되는 것입니다. 그밖에도 접두사 찐이 붙은 신어들로는 다음과 같은 것들이 확인됩니다.

> 예 찐우정 (진짜 우정)
> 예 찐팬 (진짜 팬)
> 예 찐부자 (진짜 부자, 매우 큰 부자)

음운론적 변형에 따른 형태적 신어 중에서 추가적으로 살펴볼 것은 바로 음절 늘이기에 따른 신어입니다. 이것은 앞서 살펴보았던 음운론적 축약어와는 반대로 특정한 음운을 첨가함으로써 결과적으로 전체 음절수가 늘어나도록 형태를 바꾼 것인데요. 여기에 해당되는 예시로는 다음과 같은 것들이 있습니다.

> **예** 노오력 (←노력)
>
> **예** 소오름 (←소름)
>
> **예** 가즈아 (←가자)

'노오력'은 '노력'에서, '소오름'은 '소름'에서, '가즈아'는 '가자'에서 변형된 신어들입니다. 이 유형에 속하는 신어들은 보통 기존의 원형 단어의 뜻을 더 강조해서 전달하는 경향이 있습니다. '노오력'은 엄청난 노력을 의미하고 '소오름'이라고 하면 소름이 돋은 정도가 심하다는 것이 강조됩니다. "가즈아!" 하고 응원의 말을 하면 "가자!" 하고 응원하는 것보다 더 힘주어 말하는 어투가 됩니다.

이렇게 해서 음운론적인 변형에 의해서 만들어진 형태적 신어까지 공부를 마쳤습니다. 3장에서는 형태적 신어에 초점을 맞추고 그 안에 있는 여러 세부 유형의 신어들에 대해서 특히 그 단어가 어떻게 형성되었는지를 토대로 해서 공부해 보았는데요. 언중들이 이렇게 다양한 방법으로 끊임없이 신어를 창조해 내는 것을 보면 우리 언중들은 모두 다 대단한 언어학자가 아닌가 싶습니다.

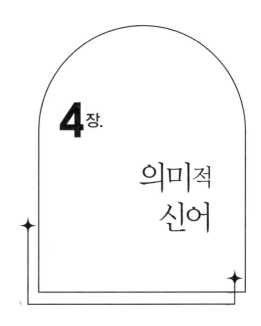

4장.

의미적
신어

4장.
의미적 신어

01.
의미적 신어의 개념과 유형

　　이번 장에서는 의미적 신어에 대해서 알아보겠습니다. 의미적 신어는 다른 말로는 신의어(新意語)라고 하기도 하는데요, 형태적 신어와 더불어서 이제까지 신어에 대한 연구에서 가장 중요하게 다루어진 유형 중 하나입니다. 형태적 신어와 의미적 신어의 가장 큰 차이점은 바로 새로 만들어진 형태를 가지고 있는 형태적 신어와 달리 의미적 신어는 기존에 이미 존재하던 단어의 형태를 그대로 사용하면서 거기에 의미만 새롭게 부가된 단어 유형이라

K-예능과 새로운 우리말

는 것입니다.

1장에서 의미적 신어의 개념에 대해서 공부하면서 '고구마'의 예를 든 적이 있었죠. 특히 드라마나 영화의 내용이 속시원하게 전개되지 않는 것을 볼 때 시청자들이 답답하다는 감정을 "저 드라마 되게 고구마다."와 같이 표현하는 경우가 있다는 것이었지요. 이와 반대 되는 상황을 표현하는 의미적 신어도 있습니다. 바로 '사이다'인데요. 한국에서 사이다는 대표적인 탄산음료 중 하나입니다. 특히 더운 여름에 사이다를 마시면 아주 시원하면서 청량감이 들지요. 이러한 음료를 가리키는 단어인 '사이다'가 최근에 새로운 의미적 신어로 사용되는 예가 있는데, 바로 고구마와는 반대로 어떤 드라마나 영화의 내용이 빠르면서도 시청자들이 원하는 방향으로 속 시원하게 전개될 때, 이 단어를 쓰는 것입니다. 대화 예문을 한번 보실까요?

> **예** 가: 이 드라마 무슨 내용이야?
> 나: 주인공이 악당한테 속 시원하게 복수하는 내용이야. 엄청 사이다니까 한번 봐 봐.

친구가 드라마 내용을 묻자, 그 드라마를 추천하면서 '사이다'라고 언급하는 내용이지요. 이처럼 '고구마'나 '사이다' 같은 것들이 모두 기존에 있던 단어를 새로운 의미로 사용하는 경우로서, 의미적 신어에 해당되는 것입니다.

그러면 예능 프로그램을 통해서 또 다른 의미적 신어의 예시를 만나보시겠습니다.

'단백질 충전'이라는 표현에 사용된 '충전'도 의미적 신어로 볼 수 있습니다. 이 단어는 원래는 휴대전화를 충전하거나 배터리를 충전하거나, 아니면, 선불카드에 돈을 충전하거나 하는 식으로 몇몇 한정적인 상황에서만 주로 사용되던 단어입니다.

그런데 이 단어가 사용되는 범위가 점점 넓어지고 있는 모습이 관찰되는데요. 우선은 휴식을 하면서 활력을 되찾는 것에 대해서도 '충전'이라는 말을 쓰게 되었습니다. 마치 휴대전화가 방전되면 제 기능을 못하다가 충전이 되고 나면 다시 활발하게 제 기능을 할 수 있는 것처럼, 사람도 일이나 공부를 너무 많이 했거나 스트레스를 너무 많이 받아서 마치 방전된 휴대전화 같이 녹초가 되었을 때, 휴식을 통해서 다시 에너지를 얻게 되겠지요. 이렇게 사람을 충전이 필요한 전자기기인 것처럼 비유해서 사용하는 경우가 많아지다 보니, 이렇게 충전과 방전이라는 단어의 쓰임이 확장된 것입니다.

그리고 여기서 한발 더 나아가, 방금 보신 예능 프로그램에서처럼, 어떤 사람이 무척 좋아하는 것을 얻게 되었을 때 마치 그것이 필수적인 에너지를 보충하는 것처럼 과장해서 표현하는 용도로 충전이라는 단어를 활발하게 쓰게 된 것으로 보입니다. 고기를 무척 좋아하는 사람이 고기를 먹었을 때, 또는 고기를 무척 먹고 싶은 상황에서 고기를 먹게 되었을 때 "단백질을 충전했다."와 같이 쓸 수 있는 것이지요. 제 경우에는 커피를 무척 좋아해서 매일 아침에 꼭 커피를 마셔야만 제대로 일과가 시작되는 느낌이 들곤 하는데요. 이렇게 커피를 마시고 싶을 때마다 "지금 카페인 충전이 필요해."라는 말을 쓰곤 합니다.

그런데 여기서 한 가지 재미있는 점이 있지요? '고기 충전'이라는 말 대신에 고기에 들어 있는 영양소인 단백질을 가져와서 '단백질 충전'이라는 말을 쓰고요, '커피 충전'이라는 말 대신에 커피에 들어 있는 성분으로 잘 알려진 카페인을 가져와서 '카페인 충전'이라는 말을 쓰는 것입니다. 이처럼 의미적 신어로 쓰일 때 '충전'이라는 단어 앞에는 주로 그 대상의 핵심적이거나 대표적인 성분이 오는 경우가 많습니다.

이렇게 의미적 신어의 몇 가지 예시를 살펴보았는데요, 그렇다면 의미적 신어의 유형은 어떻게 구분할 수 있을까요? 지난 3장에서 공부했던 형태적 신어의 경우에는 그것이 형태적으로 새로 만들어진 유형이기 때문에 그 단어의 형태가 어떤 방식으로 형성되었는지를 기준으로 해서 단어의 유형을 구분해 보았었는데요. 의미적 신어의 경우에는 기존에 있던 형태에 의미만 새로 만들어진 것이기 때문에 형태가 아니라 의미 변화가 그 유형 분류의 기준이 될 수 있겠습니다.

의미적 신어의 형성과 관련된 의미 변화의 유형은 크게 세 가지로 구분할 수 있는데요. 첫째는 의미의 일반화, 둘째는 의미의 특수화, 셋째는 의미 가치의 변화입니다. 의미의 일반화는 말 그대로 의미가 일반화되는 방향으로의 변화가 일어났다는 것인데요, 이러한 것을 의미의 확장이라고 합니다. 의미의 특수화는 반대 방향으로의 변화겠지요? 즉 의미가 더욱 특정하고 세부적인 분야로 좁아지는 방향으로의 변화입니다. 따라서 이것을 의미의 축소라고 합니다. 마지막은 의미 가치의 변화인데요, 언중의 인식이 긍정적인 단어가 있는가 하면 부정적인 단어도 있습니다. 예를 들면, 욕설이나 비속어는 부정적으로 인식되는 단어 표현이지요. 이처럼 어떤 단어에 대한 사람들의 인식이 긍정적인 것으로 변화하거나 반대로 부정적인 것으로 변화하는 현상을 의미 가치의 변화라고 합니다. 이 중에서 긍정적으로 의미가 변화하는 방향을 의미 가치의 상승이라고 부르고요, 반대로 부정적으로 변화하는 것을 의미 가치의 하락이라고 부릅니다.

이렇게 해서 이번에는 의미적 신어에 대해서 전반적으로 살펴보았습니다. 이어서 의미적 신어의 세 가지 유형에 대해서 하나씩 더 자세히 공부해 볼 텐데요, 어떤 의미적 신어들이 있는지 더 자세히 들여다보겠습니다.

02.
의미의 일반화에 따른 의미적 신어의 생성

앞에서는 의미적 신어 전반에 대해서 알아보았습니다. 의미적 신어가 기존 단어의 의미와 가지는 관계에 따라서 의미적 신어의 유형을 세 가지로 구분하였었는데요, 첫째는 의미의 일반화, 둘째는 의미의 특수화, 셋째는 의미 가치의 변화였습니다. 여기에서는 이러한 의미적 신어 중에서 첫 번째 유형으로 의미의 일반화에 따라 형성된 의미적 신어에 대해서 공부해 보려고 합니다. 의미의 일반화란, 기존에는 특정한 분야에서만 한정적으로 쓰이던 단어의 적용 범위가 넓어져서 더 일반적인 사용 맥락에서도 사용되게 되는 현상으로, 의미의 확장으로 볼 수 있습니다.

그러면 이처럼 의미가 확장되면서 만들어진 의미적 신어에는 어떤 단어가 있을까요? 우선 K-예능 프로그램을 통해서 한번 확인해 보시겠습니다.

K-예능에서 신어 만나기

'지구오락실'이라는 예능 프로그램의 한 장면. 출연자들이 PD를 기다리다가, 약속된 시간이 지났는데도 오지 않으니까 전화를 건 장면입니다. PD가 전화를 받자마자 출연자들이 '아, 어디예요~!!' 하면서 화를 버럭 내는 모습이 나옵니다. 이때 화를 내는 출연자들의 모습을 보여주면서 자막에 '급발진'이라는 단어가 나타납니다.

바로 이렇게 갑작스럽게 화를 낼 때 '급발진'이라는 표현을 쓸 수 있습니다. 그런데 사실 이 '급발진'이라는 단어는 감정 표현에 대해서 쓰는 단어가 아니었고요. 자동차가 급작스럽게 출발하여 나가고 브레이크가 작동하지 않는 현상을 가리키는 단어입니다. 자동차의 특정한 현상에 대해서만 쓰던 이 단어의 사용 범위가 넓어져서 사람의 감정에 대해서도 사용되기 시작한 사례로 볼 수 있겠습니다. 또 인터넷에서 이 단어를 찾아보면 '급발진 고백'과 같은 표현도 찾아볼 수 있는데요, 누구를 좋아하는데 그 사람에게 아무런 티도 내지 않다가 뜬금없이 갑작스럽게 고백하는 것을 두고도 급발진한다는 표현을 쓰게 된 것입니다. 이렇게 '급발진'이라는 말은 기존에 사용되던 것에서 그 의미가 더욱 확장되고 일반화되는 모습을 보여주고 있는데요, '급발진' 말고 또 다른 사례에는 어떤 것들이 있을까요? 아래 예시를 함께 보면서 더 이야기해 보겠습니다.

> 예 보육 난민, 전세 난민, 월세 난민, 통장 난민

보육 난민, 전세 난민, 통장 난민. 공통적으로 '난민'이 들어간 표현들이지요. '난민'은 원래는 '전쟁이나 재난을 당하여 곤경에 빠진 사람'을 가리키는 단어로 전쟁이나 재난 등의 사정이 주된 원인인 경우에 한정적으로 사용되던 단어였습니다. 그런데 예시로 보여드린 이러한 단어들의 경우에는 보육에 어려움을 겪는 경우, 전셋집 찾기에 어려움을 겪는 경우, 심지어는 통장을 개설하는 데 어려움을 겪는 경우 등과 같이 다양한 상황에 대해서 이 '난민'이라는 단어가 사용되고 있습니다. 따라서 '난민'이라는 단어는 의미의 일반화에 따라 생성된 의미적 신어로 볼 수 있는 것입니다.

그러면 이 표현들의 구체적인 의미는 무엇일까요?

먼저 보육 난민은 자녀들을 맡길 만한 어린이집이나 유치원 등의 보육 시설을 찾지 못해 곤경에 처한 사람들을 가리키는 말입니다. 한국 사회에서 맞벌이 부부가 증가하면서 부모가 일을 하는 동안 아이들을 대신 맡아줄 보육시설이 매우 많이 필요하게 되었는데요, 이러한 보육 시설이 부족하거나 그 밖의 여러 가지 여건으로 인해서 마땅한 보육 대안을 찾지 못한 사람들이 많아지고 있는 사회적인 현실이 반영되어 있는 신어라고 생각됩니다.

다음으로 '전세 난민'과 '월세 난민'이라는 말은 크게 오른 전세금이나 월세금을 마련하지 못하고 비교적 가격이 낮은 전셋집을 찾기 위해 이사하는 사람을 나타내는 말인데요. 경제적 상황에 따라서 전세나 월세가 갑자기 오르는 경우가 발생하면 그만큼의 돈을 마련하지 못하는 형편에 있는 사람들은 더 좁거나 낡은 집으로 이사를 할 수밖에 없겠지요. 이러한 사람들을 난민에 빗대어 표현하는 것입니다.

그리고 통장 난민이라는 말도 있는데요. 정부에서 은행 계좌 개설 절차를 엄격하게 강화하도록 하는 정책을 시행하자, 이러한 표현이 등장하게 되었습니다. 계좌 개설이 그나마 쉬운 은행 지점을 찾아다니는 사람을 통장 난민이라고 부르게 된 것이지요.

이제까지 '급발진', 그리고 '난민'이라는 의미적 신어의 사례를 말씀드렸는데요. 또 한 가지 예로 '돌직구'라는 단어를 한번 살펴보도록 하겠습니다.

'돌직구'는 원래 야구에서 쓰이는 용어로 힘이 강하고 빠른 직구를 이르는 말입니다. 어떤 투수가 던지는 직구가 무척 강하고 빨라서 타자들이 치기 힘든 공일 때, '이 투수는 돌직구를 잘 던진다'와 같이 표현할 수 있습니다. 그런데 이 단어가 야구가 아닌 다른 상황에서도 쓰이게 되었는데요. 다음 예문과 같은 상황에서 쓰인 '돌직구'의 뜻은 무엇일지 한번 생각해 보시기 바랍니다.

> **예** 가. 승규가 자꾸 이번 주말에 만나자고 하는데 어떡하지?
>
> 나. 왜? 뭐가 문제야?
>
> 가. 주말에 할 일도 많고 승규랑 둘이서 만나기는 부담스러워서 거절하고 싶어.
>
> 나. 그럼 거절하면 되잖아.
>
> 가. 거절하면 승규가 상처받을까 봐 그렇지. 어떻게 말하면 좋을까?
>
> 나. 원래 기분 좋은 거절은 없는 거야. 그냥 시원하게 **돌직구** 날려.

위의 대화 예문은 친구들끼리의 대화입니다. 거절하는 걸 힘들어 하는 친구가 어떻게 하면 돌려서 말할 수 있을지 고민하니까 다른 친구가 이렇게 충고해 주지요. 돌직구 날리라고요. 이 대화를 통해서 여러분은 아마도 돌직구를 날리는 것이 돌려서 말하는 것과 반대되는 의미라는 것을 파악할 수 있으셨을 것 같은데요. 돌직구는 상대방의 입장을 고려하지 않고 직설적으로 말하는 것을 이르는 말입니다. 보통은 '돌직구를 날리다', 또는 '돌직구를 던지다'와 같이 쓰지요.

이렇게 야구라는 특정한 스포츠 분야에서만 사용되던 말이 새로운 의미를 가지게 되면서 보다 일반적인 상황에서 사용되게 된 것을 알 수 있는데요. 이와 마찬가지로 역시나 스포츠 분야에서 사용되던 전문 용어가 보다 일반적인 사용 범위를 갖게 된 경우에 해당되는 또 다른 예시로 '태클'을 들 수 있습니다. '태클'은 원래 축구나 레슬링 등에서 사용되던 스포츠 분야의 전문 용어였는데요. 축구에서는 상대편이 가지고 있는 공을 기습적으로 빼앗는 것을 가리키는 용어로 쓰이고 레슬링에서는 상대편의 아랫도리를 잡아서 쓰러뜨리는 기술을 가리키는 말입니다. 그 밖에도 미식축구나 하키 등에서도 쓰이지요. 그런데 태클이 일반적인 상황에서도 쓰이게 되었는데, 이때는 '딴지를 걸다'와 같은 의미로 사용됩니다.

이제까지 의미적 신어의 첫 번째 유형으로, 의미의 확장에 의해서 형성된 의미적 신어에 대해서 함께 공부해 보았습니다. 우리는 보통 기존에 쓰이던 단어를 재활용해서 새로운 의미를 덧붙여 만들어 사용하는 경우가 많기 때문에 이러한 의미 확장에 따른 신어의 형성은 의미적 신어가 만들어지는 가장 일반적인 경우라고 볼 수 있습니다.
다음으로 살펴볼 의미적 신어의 두 번째 유형은, 이와는 반대로 의
미의 축소가 일어난 경우인데요. 이에 대해서는 다음 강의에서 이어
서 살펴보도록 하겠습니다.

K-예능과 새로운 우리말

03.
의미의 특수화에 따른 의미적 신어의 생성

　　이번 장에서는 계속해서 의미적 신어에 대해서 공부하고 있습니다. 여기에서는 그중에서 세 번째로, 의미의 특수화에 따라 생성된 의미적 신어들에 대해서 공부해 보려고 합니다. 지난 시간에는 특수한 의미를 가지고 특정한 좁은 범위에서 사용되던 단어가, 그 의미의 확장이 일어나면서 보다 일반적인 상황에서도 사용되게 되면서 만들어지는 의미적 신어에 대해서 공부해 보았는데요. 이번 시간에는 반대로, 상대적으로 넓은 범위에 적용되는 의미를 가지고 있던 단어들이 특수한 상황에서는 또 다른 축소된 의미로 사용되는 경우에 대해서 다루어 보려고 합니다.

　　의미의 축소는 의미의 확장과는 반대로 그 단어가 지시하는 대상의 적용 범위가 줄어드는 방향으로의 의미 변화입니다. 이러한 의미 축소를 보이는 단어들의 경우, 주로 보편적으로 사용되던 단어의 의미가, 어떤 특수한 분야에서 사용될 때에는 그 분야에서만 적용되는 새로운 의미로 사용되는 방향으로의 변화가 관찰되는데요. 구체적인 단어의 예시를 먼저 예능 프로그램을 통해서 함께 살펴보겠습니다.

K-예능에서 신어 만나기

'유퀴즈온더블럭'이라는 토크쇼의 한 장면. 진행자가 '개인기'를 해 달라고 요청하니까 출연자가 다른 가수의 목소리를 흉내내서 그 노래를 따라 부르는 모습을 담고 있는 장면입니다. 여기서 '개인기'라는 단어는 원래는 '개인의 기술'을 뜻하는 단어인데요. 특히 단체 경기를 하는 운동에서나 어떤 회사나 단체의 구성원 중에 개인의 기량을 이를 때 주로 사용되는 단어입니다. 그런데 이 단어가 방송 프로그램, 그중에서도 특히 예능 프로그램에서는 주로 '남들을 재미있게 해 줄 수 있는 특별한 장기'를 뜻하는 단어로 널리 통용되는 모습이 발견됩니다. 일반적인 '개인의 기술'을 뜻하는 단어가 예능 프로그램이라는 특정한 맥락에서는 방송 출연자의 장기라는 특수한 의미를 나타내게 된 것이지요.

이렇게 '개인기'의 의미를 알아보았는데요. 이 단어와 마찬가지로 의미의 특수화가 일어난 의미적 신어의 예시를 몇 가지 더 알아보도록 하겠습니다.

> **예 마무리** 〈야구〉, **안방** 〈스포츠〉

'마무리'와 '안방'은 모두 스포츠 분야의 용어로 사용될 때 특수화된 의미가 나타나는 단어들입니다. 먼저 '마무리'는 여러분도 잘 아시다시피 '일의 끝맺음'이라는 뜻입니다. 그런데 야구 용어로 사용될 때에는 '경기 종반에 경기를 마무리하기 위하여 등판하는 투수'를 나타냅니다.

그리고 '안방'은 원래는 집안에 있는 여러 방 중에서 주로 안주인이 쓰는 방을 나타내는 방을 가리키는 단어인데요, 이 단어가 스포츠 용어로 사용될 때에는 '개인이나 팀의 연고지에서 하는 경기'를 뜻하게 됩니다. "안방 경기에서는 승리할 확률이 높다"와 같이 쓸 수 있지요.

이렇게 의미의 특수화에 대해서 알아보았는데요, 앞에서 우리는 의미 확장의 유형에 대해서 공부하면서 의미의 일반화는 곧 의미의 확장에 대응될 수 있다고 하였습니다. 그렇다면 의미의 특수화는 곧 의미의 축소에 대응될 수 있는 것일까요? 그것에 대해서는 그렇다고 대답하기가 조금 어렵습니다.

의미 축소는 지시 대상의 적용 범위가 줄어드는 것인데, 의미적 신어는 근본적으로 기존에 존재하던 단어에 새로운 의미가 덧붙은 것이라서 의미적 신어가 나타나면 당연히 그 단어가 가지는 의미 항목의 개수는 늘어나는 것이기 때문에 그렇습니다. 만일 어떤 단어의 의미가 축소되었다고 하려면, 기존에 사용되던 더 넓은 범위를 가지는 의미는 더 이상 남아 있지 않고, 특수화된, 즉 적용 범위가 더 좁아진 새로운 의미만이 사용되어야 합니다.

그런데 이렇게 기존에 사용되던 더 범위가 넓은 의미가 아예 사라졌다고 말할 수 있기 위해서는 아주 오랜 기간 동안의 관찰이 필수적이겠지요. 앞에서 살펴보았던 예시를 다시 가져와서, 만일 '마무리'라는 단어가 먼 훗날에, 모든 일반적인 경우에 '끝맺음'을 나타내는 의미로 쓰이던 것은 사라지고 야구 경기를 끝맺음한다는 의미만이 사용되게 된다면, 그때에서야 비로소 '마무리'라는 단어의 의미가 축소되었다고 할 수 있는 것입니다.

따라서 이러한 의미의 축소는 동시대의 언어에 대한 관찰로는 포착하기가 어려우며 언어의 역사적인 변화를 살펴보아야만 발견할 수가 있습니다. 그러면 과거로부터 긴 시간을 거쳐오면서 그 단어의 의미가 축소된 사례로는 무엇이 있을까요? 이에 대해서는 다음과 같은 몇 가지 단어의 사례를 들어볼 수 있습니다.

> **예** 마음, 여의다

우선 '마음'은 역사적으로 보면 내장 기관인 심장과 추상적인 대상인 마음을 모두 나타내는 단어였습니다. 그러나 지금은 추상적인 대상인 마음만을 지시하는 것으로 의미가 축소되었습니다. 또 한 가지 예로 '여의다'는 원래 어떤 장소를 떠나거나 어떤 대상을 없어지게 하거나 어떤 대상과 이별하는 등, 어떤 대상과의 거리가 멀어진다는 의미를 공통적으로 나타내는 것이었는데, 지금은 부모와 사별했을 때나 자식을 결혼시킬 때만을 가리키는 것으로 역시 그 의미가 축소되었습니다.

이제까지 의미의 특수화에 따라 생성된 의미적 신어에 대해서 그 구체적인 사례와 함께 공부해 보았습니다. 의미의 특수화로 볼 수 있는 의미적 신어는, 지난 강의에서 배웠던 의미의 일반화에 의한 의미적 신어에 비해서 그 수가 많지는 않습니다. 그래도 소홀히 여기지 말고 잘 알아두어야 하겠습니다.

04.
의미 가치의 변화에 따른 의미적 신어의 생성

이번에는 의미적 신어의 세 가지 유형 중에서 마지막으로 살펴볼 유형으로, 의미 가치의 변화에 따라 생성된 의미적 신어에 대해서 공부하려고 합니다. 의미 가치의 변화는 그 안에 두 가지의 세부 유형으로 또다시 분류할 수가 있습니다. 하나는 의미의 상승이고 다른 하나는 의미의 하락입니다. 우선 의미의 상승은 어떤 대상에 대한 평가가 원래 가지고 있던 의미보다 높게 변화하는 것입니다. 예를 들어서, '일꾼'이라는 단어는 예전에는 부농이나 지주에게 고용되어서 그 집의 농사일이나 잡일을 해주고 품삯을 받는 사람을 이르던 말이었습니다. 그런데 오늘날에는 유능하거나 꼭 필요한 사람으로 그 의미가 상승되었는데요. 예를 들어 '나라의 일꾼', '국민의 일꾼'이라는 표현을 써서 어떤 사람이 나라의 발전에 꼭 필요한 사람이라거나 국민을 위해 봉사하는 정치가라는 의미를 나타낼 수 있게 된 것입니다.

그렇다면 신어 가운데 이렇듯 그 의미가 상승된 결과로 볼 수 있는 단어는 무엇이 있을까요? 아래 단어의 예시를 함께 보시겠습니다.

> 예 음색 깡패, 음원 깡패, 비주얼 깡패

먼저 '깡패'가 사용된 표현으로 음원 깡패와 실물 깡패의 사례를 들 수 있는데요. 이 깡패라는 단어는 원래는 폭력을 쓰면서 행패를 부리고 못된 짓을 일삼는 무리들을 가리키는 단어입니다. 사람들에게 폭력을 쓰면서 행패를 부리고 나쁜 짓을 저지르는 사람들을 가리키는 말이니까 당연히 깡패라는 단어는 부정적인 인식을 동반하는 단어였는데요. 그런데 이 깡패라는 단어가 긍정적인 의미로 사용되는 경우가 생기게 되었습니다. 바로 여기 제시한 단어들인데요. '음색 깡패'는 음색이 매우 좋은 가수를 의미하고, '음원 깡패'라고 하면 음원이 나오기만 하면 음원 사이트 등에서 1위를 차지하는 가수를 가리키는 말입니다. 그렇다면 '비주얼 깡패'는 무슨 뜻일까요? 네, 여러분의 예상대로 비주얼, 즉 외모가 매우 뛰어난 사람을 일컫는 말입니다. 그 밖에도 실물이 매우 아름다운 사람을 '실물 깡패'라고 하거나 풍기는 분위기가 고급스러운 사람을 '분위기 깡패'라고 부르기도 합니다.

그렇다면 왜 '깡패'라는 말에 이러한 의미가 생긴 걸까요? 아마도 깡패가 자신들이 가진 강력한 힘으로 주변 사람들에게 영향을 미치는 사람들이라는 데서 만들어진 연상적 의미에 따른 결과가 아닐까 합니다. 음원 깡패는 비슷한 시기에 음원을 내놓은 다른 가수들에게 큰 영향을 줄 수 있겠지요. 비주얼 깡패는 자기도 모르게 주변에 있

K-예능과 새로운 우리말

던 사람들이 상대적으로 외모가 덜 아름다워 보이게 만들 수도 있고요. 이렇게 음색이 좋거나 비주얼이 아름답거나 하는 강력한 강점을 발휘해서 주변에 영향을 주게 된다는 점을 볼 때, 이러한 표현들의 의미를 잘 이해할 수 있습니다.

의미의 상승에 이어서 다음으로 살펴볼 세부 유형은 의미의 하락입니다. 사실 앞에서 살펴본 의미 상승에 해당되는 단어의 예시는 많이 찾기가 어려웠는데요, 원래 의미의 상승은 상대적으로 드물게 발생하는 것으로 알려져 있습니다. 이와 달리 의미의 하락은 어떤 대상에 대한 평가가 원래 가지고 있던 의미보다 낮게 변화하는 것을 말하는데요, 이러한 현상은 언어에서 아주 일반적인 경향이라고 할 수 있을 만큼 흔하게 발생합니다.

역사적으로 보면 몇 가지 사례를 제시할 수 있는데요, '놈'은 그냥 '남자'를 가리키는 말이었지만 현대어에서는 남자에 대한 비어로 쓰입니다. '마누라'는 과거에 남녀 모두 통틀어서 신분이 높은 사람을 나타내는 의미였지만 현대 한국어에서는 자기 부인에 대한 비어가 되었지요.

그렇다면, 신어 중에서 의미의 하락의 결과로 볼 수 있는 단어로는 어떤 것들이 있을까요? 몇 가지 예에 대해서 함께 생각해 보겠습니다.

> **예** 작업, 냄비, 밥맛

먼저 '작업'이라는 단어에 대해서 생각해 볼까요? '작업'이라는 단어는 단순히 '일을 함'이라는 뜻으로 중립적인 의미를 가지고 있는 단어입니다. 그런데 이성에게 작업을 건다고 하면 이때의 '작업'은 계획적으로 접근하여 이성을 꾀는 행동을 나타내는데요, 이렇게 사용될 때는 주로 부정적인 뉘앙스를 가지게 됩니다. 의미 하락이 발생한 것이지요.

또 다른 예시로는 '냄비'를 들 수 있겠는데요. 이 단어는 원래 음식을 담을 때 쓰는 그릇 중 하나를 나타냅니다. 음식을 끓이거나 삶을 때 쓰는 그릇으로 주로 라면이나 찌개 같은 것을 끓일 때 사용하는 것인데요. 이 냄비 중에서도 열전도율이 높은 소재로 만들어진 것들은 빨리 뜨거워지고 또 빨리 식는 특징이 있습니다. 이러한 특징에서 연상된 의미가 있는데, 바로 '냄비 근성', '냄비 여론' 같은 표현에서 확인되는 의미입니다. 어떤 이슈에 매우 빨리 반응하고 뜨겁게 몰입했다가도, 시간이 조금만 지나면 언제 그런 이슈가 있었냐는 듯이 금방 잊어버리고 관심이 사라져 버리는 성향을 '냄비'라는 단어로 표현하게 된 것인데요. '냄비'가 이러한 단어로 사용될 때는 주로 이러한 성향을 부정적으로 바라보고 비판하는 맥락에서 사용되기 때문에 그 의미가 하락된 사례라고 볼 수 있습니다.

그리고 또 다른 사례로는 '밥맛'을 들 수 있습니다. '밥맛'은 원래 기본의미로는 말 그대로 밥의 맛, 밥에서 나는 맛을 가리키고요, '밥맛이 난다.', '밥맛이 없다.'처럼 쓰이면서 음식이 입에 당기어 먹고 싶은 상태를 나타내는 확장된 의미도 가지고 있습니다. 그런데 '그 사람은 말하는 태도가 참 밥맛이야.'와 같이 말하는 경우도 있는데요. 이때는 아니꼽고 기가 차서 정이 떨어지거나 상대하기 싫다는 의미를 나타냅니다. 원래는 '밥맛없다'의 꼴로 사용되면서 부정적인 의미를 나타내게 되던 것이, 시간이 지나면서 '밥맛없다' 전체가 가지는 의미가 '밥맛'으로 전이되어서, '밥맛'이라는 단어만 사용해도 이렇게 부정적인 태도를 나타낼 수 있게 된 것입니다.

이렇게 단어의 의미 가치가 상승하거나 또는 반대로 하락한 결과로 나타나는 의미 변화와 그러한 의미 변화를 반영하고 있는 의미적 신어에 대해서 공부해 보았습니다. 그런데 이번에는 예능 프로그램을 통해서 이들 신어의 예시를 보여드리지는 못해서 조금 아쉬운데요. 의미 가치 변화에 해당되는 신어들은 사실 예능 프로그램에서 발견하는 것이 쉽지는 않습니다. 우선 의미 상승에 해당되는 것은 단어 예시 자체가 많지 않다는 점은 앞에서 말씀드렸고요, 의미 하락에 해당되는 것은, 주로 비어로 사용되거나 비판적인 어조로 사용되는 경우가 많다 보니까 예능 프로그램에 이러한 단어들이 등장하는 사례는 거의 찾아보기가 어렵습니다. 따라서 여러분들도 이번에 소개해 드린 단어 가운데 특히 의미 하락에 해당되는 단어들은 되도록 사용에 주의하시는 것이 좋겠습니다.

05.
의미적 신어의 생성에 따른 변화

의미적 신어에 대해서 계속해서 공부하고 있는데요, 이번 강의에서는 의미적 신어의 생성에 따라 나타나는 여러 변화들에 대해서 공부해 보려고 합니다.

의미적 신어는 형태적 신어와는 달리 기존에 존재하던 단어들이 새로운 의미를 가지고 사용되는 경우라는 것, 이제는 다들 잘 아실 텐데요. 이렇게 새로운 의미로 사용될 때 그 의미의 영향으로 인해서 그 단어들이 기존에 가지고 있던 언어학적인 특성들 역시 달라지는 경우가 있습니다. 단어들이 함께 모여 어떤 체계적인 규칙에 따라 구나 절을 이루고 그것이 다시 더 큰 문장을 이룰 때 이러한 규칙을 문법이라고 하는데요, 이러한 문법적인 특성은 사실 개별 단어들의 의미 특성에 따른 영향을 받는 경우가 많습니다. 따라서 기존에 있던 단어가 새로운 의미를 가지고 쓰이게 될 때, 그 새로운 의미가 요구하는 문법적인 특성이 기존에 가지고 있던 의미가 요구하는 문법적인 특성과 달라지게 되는 경우가 발생할 수 있겠지요. 그래서 이번 시간에는 이렇듯 의미적 신어의 생성과 함께 달라지는 언어학적인 변화들에 대해서 크게 세 가지로 나누어서 짚어보도록 하겠습니다.

먼저 첫 번째로 말씀드릴 것은 품사의 변화입니다. 품사라는 것은, 단어를 분류해 놓은 것이라고 쉽게 이해하실 수 있는데요, 예를 들면 어떤 단어의 품사는 명사이고 어떤 단어의 품사는 동사, 또 어떤 단어는 부사인 것 등과 같습니다. 기존에 있던 어떤 단어가 새로운 의미를 가지고 사용될 때, 그 새로운 단어는 기존의 단어와 문법적인 성격을 달리하게 되면서 품사 자체가 달라지는 경우가 있는데요, 우리가 이미 앞에서 한번 언급했던 단어 중에 여기에 해당되는 사례가 있었습니다.

바로 형태적 신어를 배울 때 접두사의 예시로 말씀드렸던 '핵'이 그것인데요. '핵'은 원래 명사로 사용되던 단어였지만, 접두사라는 새로운 기능을 가지게 되고, 그에 따라 다양한 후속 명사들과 결합하여 파생어들을 만드는 데 사용되게 되었습니다. '핵이득, 핵공감' 등의 단어들은 새로 만들어진 단어들이니까 형태적 신어로 볼 수 있지만, 여기에 붙는 '핵'이라는 접두사 자체는 기존에 있던 단어가 새로운 의미 기능으로 사용되게 된 것이기 때문에 의미적 신어의 일종으로 볼 수 있습니다.

그리고 또 한 가지, 우리가 1장에서 신어의 여러 유형을 구분하면서 그중에서 문법적 기능이 달라진 경우에는 문법적 신어로 볼 수 있다고 한 적이 있는데, 기억 나시지요? 이러한 설명에 따르면 '핵'은 문법적 신어로도 볼 수가 있겠습니다. 명사로서의 '핵'은 원래 다른 단어 앞에 붙어 접사로 기능하면서 파생어를 형성하는 기능이 없었는데, 새로 만들어진 접두사 '핵'은 그러한 기능이 생긴 것이니까요.

이렇게 품사가 변화하는 경우에 대해서 말씀드렸고요. 이어서 두 번째로 살펴볼 것은 바로 논항 구조의 변화입니다. 언어학에서 논항이라는 것은 한 문장의 서술어가 문장에 나타나기를 요구하는 필수 성분을 가리키는 것입니다. 서술어마다 어떤 논항을 요구하는지에 차이가 있는데요, 예를 들어서 '피다'라는 서술어는 '꽃이 피다'와 같이 주어와만 더불어 쓰는 것이 가능하므로, '피다'가 요구하는 필수 논항은 주어뿐이라고 볼 수 있습니다. 이와 달리 '먹다'라는 서술어는 '나는 떡볶이를 먹는다'와 같이 주어뿐만 아니라 목적어도 요구하기 때문에 주어와 목적어를 모두 요구하는 서술어입니다. 동사에 한정해서 다시 설명해 보면, '피다'와 같이 동사가 나타내는 동작이나 작용이 주어에만 미치는 동사, 즉 주어 논항만을 요구하는 동사를 자동사라고 하고, '먹다'와 같이 주어뿐만이 아니라 동작의 대상이 되는 목적어를 필요로 하는 동사를 타동사라고 합니다.

새로 만들어진 의미적 신어가 기존에 있던 의미와 이러한 논항 구조에 있어서 달라지는 경우가 있습니다. 대표적인 예시로 '뿜다'의 경우를 들어볼 수 있는데요. '뿜다'는 원래 '고래가 물을 뿜다, 용이 불을 뿜다'처럼, 속에 있던 것을 밖으로 세게 밀어낸다는 의미를 가지고 있는 동사였는데요, 이 단어를 활용한 의미적 신어로 '웃다'와 유의어로 사용되는 경우가 있습니다. '그의 말이 너무 웃겨서 뿜었다'와 같이 사용되는 것인데요. 이것은 원래는 입에 머금고 있던 물을 뿜어내는 장면에서 비롯된 것입니다. 여러분 한번 상상해 보세요. 여러분이 물을 마시고 있는데, 옆에서 친구가 너무 웃긴 말을 해서 웃음을 미처 참지 못했다면, 어떤 일이 일어날까요? 어쩌면 여러분은 입에 머금고 있던 물을 뿜어낼 수밖에 없게 될지도 모릅니다. 이처럼 어떤 것이 너무 웃겨서 입에 머금고 있던 물을 뿜었던 경험, 아마 다들 있으실 텐데요. 이러한 대다수 언중의 공통적인 경험에 의해서 '뿜다'라는 동사에 '웃음을 참지 못하고 웃어버리다'라는 연상적 의미가 새로 생겨나게 된 것입니다. 이렇게 어떤 의미가 새로 생겼을 때, 이 의미적 신어는 의미가 새로울 뿐만 아니라 기존의 단어에서 문법적 성격까지 달라지기도 합니다. 다음 예문을 함께 보실까요?

> 예 가. 고래가 등으로 물을 뿜는다.
> 예 나. 용이 입에서 불을 뿜었다.
> 예 다. 나 그거 보다가 뿜었다. 너무 웃기더라.

이 예문들에서 (가)와 (나)는 기존에 있던 '뿜다'의 예문이고, (다)는 새로 만들어진 의미적 신어로서의 '뿜다'가 사용된 예문입니다. (가)와 (나)를 보시면 공통적으로 '물을 뿜다', '불을 뿜다'와 같이 '뿜다' 앞에 목적어가 사용된 것을 알 수 있는데요. 이렇게 목적어를 필요로 하는 동사를 우리는 타동사라고 합니다. 그런데 (다) 예문을 보면 뿜다 앞에 목적어가 없는데요. 이렇게 목적어를 필요로 하지 않는 동사는 동사 중에서도 자동사라고 합니다. 원래는 타동사였던 뿜다가 새로운 의미를 가지게 되었는데 이 새로운 의미로 쓰일 때는 자동사가 되는 것입니다. 왜냐하면 동사의 문법적인 성격은 그 동사의 의미에 따라 달라질 수 있기 때문입니다.

의미적 신어의 생성에 따른 변화 중에서 세 번째로 살펴볼 것은 바로 연어 관계의 변화입니다. 언어학에서는 두 개 이상의 단어가 함께 쓰이면서 의미적으로 하나의 단위를 이룰 때 그것을 '연어'라고 하는데요. 이러한 연어 관계도 기본적으로는 개별 단어들의 의미에 의한 영향을 받습니다. 따라서 기존에 있던 단어에 새로운 의미가 덧붙어서 의미적 신어가 나타날 때, 이 새로운 의미로 인해서 연어 관계에도 변화가 나타날 수 있는 것인데요.

예를 들어, 앞에서 제시했던 사례 중에서 '음원 깡패', '음색 깡패' 등과 같은 것을 보면 기존에 건달이나 불량배 집단을 나타내는 '깡패'라는 단어가 주로 사용되던 것과는 전혀 다른 연어가 만들어진 것을 알 수 있습니다. 앞에서 예로 들었던 또 다른 연어 중에 '전세 난민, 월세 난민' 같은 것들도 마찬가지고요. 그리고 또 재미있는 예시로는 '맛집'이 들어가 있는 연어들의 예를 들 수 있습니다. 원래 '맛집'은 '맛있는 집'이라는 뜻으로 음식의 맛이 뛰어나기로 유명한 음식점을 가리키는 단어였습니다. 그러니까 당연히 '맛집' 앞에는 그 음식점에서 파는 음식의 이름만 올 수 있겠지요. '설렁탕 맛집', '비빔밥 맛집', '삼겹살 맛집'처럼 말이지요. 그런데 이 '맛집'의 의미가 넓어져서 비단 음식점뿐만 아니라 카페나 옷 가게 등 다양한 상점들도 가리킬 수 있게 되었습니다. 앞서 살펴보았던 의미의 일반화, 즉 의미 확장이 일어난 것인데요. 그러다 보니까 뷰, 즉 경치가 좋은 카페를 가리켜서 '뷰 맛집'이라고 하거나 옷 중에서도 특히 원피스를 잘 만들어 파는 옷 가게를 가리켜서 '원피스 맛집'이라고 하는 식의 새로운 연어들이 나타나게 되었습니다.

이렇게 해서 의미적 신어가 나타나면서 동반될 수 있는 언어학적인 변화들에 대해서 세 가지로 나누어서 정리해 보았습니다. 여기까지 해서 신어의 유형 가운데 가장 많은 비중을 차지하는 두 가지 유형인 형태적 신어와 의미적 신어에 대해서 공부를 마치게 되었습니다. 다음 장에서는 어떤 신어를 만나 볼지 기대해 보셔도 좋겠습니다.

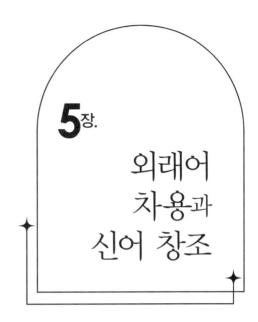

5장.

외래어
차용과
신어 창조

5장.

외래어 차용과 신어 창조

01.

외래어 차용

앞선 3장과 4장에서는 각각 형태적 신어와 의미적 신어에 대해서 공부해 보았습니다. 이어서 이번 5장에서는 외래어 차용, 그리고 신어 창조의 동기에 대해서 공부해 보려고 합니다. 우선 지난 1장에서 배웠던 내용 중에서 신어의 정의 부분을 간단히 복습해 보는 것이 좋겠습니다.

"새말이란, 이미 있었거나, 새로 생겨난 개념이나 사물을 표현하기 위해 지어낸 말, 그리고 이미 있던 말이라도

새 뜻이 주어진 것을 통틀어 일컫는다. 다른 언어로부터 사물과 함께
차용되는 외래어도 여기에 포함된다."

_ 남기심(1983:193)

이제 여러분도 이 문구가 상당히 익숙해졌을 것 같습니다. 신어
에 대한 이러한 정의 중에서 '새로 지어낸 말'에 해당되는 것이 형태
적 신어, 그리고 '이미 있던 말이라도 새 뜻이 주어진 것'에 해당되는
것이 의미적 신어라는 것도 아마 잘 정리하셨을 것 같습니다. 그런데
여기 신어에 대한 정의에 나오는 것 중에서 우리가 아직 다루지 않
은 유형이 있지요? 그것은 바로 마지막 부분에 있는 것, '다른 언어
로부터 차용되는 외래어'입니다. 그래서 이 장에서는 이 마지막 부분
에 나와 있는 것, '다른 언어로부터 차용된 신어'를 다루려고 합니다.

그런데 이 부분에서 우선은 용어에 대해서 조금 정리하고 넘어갈
필요가 있습니다. 이번 5장의 제목은 여러분도 보시면 아시겠지만
'외래어 차용과 신어 창조'입니다. '외래어'라는 용어가 사용되었지요.
그런데 여러분 '외국어'라는 말도 아시지요? 외래어는 무엇이고, 외국
어는 무엇일까요? 이 둘은 언뜻 같은 개념을 가리키는 용어들인 것
처럼 생각될 수도 있겠습니다. 그러나 국어학자들은 '외래어'와 '외국
어'라는 용어를 서로 구분해서 사용하고 있는데요, 간단히 말씀드리
면 '외래어'는 한국어라는 언어 체계 안에 정착되어서 사용되는 말이
고, '외국어'는 한국어가 아닌, 다른 나라의 말입니다. 참고로 외래어
에 대한 국어학자들의 언급을 몇 가지 함께 살펴보시겠습니다.

'외국어에서 기원한 국어'(임동훈 1996:41)

'국어의 일부로 받아들여진 말'(정희원 2004:5)

'한국어화(Koreanization)되었느냐가 중요한 기준'(김하수 1999:251)

국어학자 임동훈은 외래어는 외국어에서 기원한 국어, 즉 한국어라고 했고요, 정희원은 국어의 일부로 받아들여진 말이라고 했습니다. 그리고 김하수는 어떤 단어가 외래어인가 외국어인가를 가르는 기준은 바로 그 단어가 한국어화가 되었느냐 여부라고 보았습니다. 이처럼 외국어 중에서도 한국어 단어 체계 안에 들어와서 마치 고유어나 한자어처럼 한국 사람들에게 친숙하게 받아들여지는 단어만이 외래어라는 것인데요, 예를 들면 피아노나 버스, 컴퓨터 같은 단어들은 이미 한국어 어휘 체계 안에 정착되어 일상적으로 사용되고 있는 단어라는 점에서 외래어라고 볼 수 있겠습니다.

그렇다면, 우리가 공부하고 있는 '신어'는 어떨까요? 신어는 아직 언중의 공인을 거치지 못하였다는 점에서 임시어 혹은 유행어로서의 성격을 가진다는 점을 1장에서 언급한 적이 있는데요. 이처럼 아직 공인을 받지 못했다는 점을 생각해 보면 신어 중에 외국어로부터 차용된 이러한 부류의 단어들은 아직까지 한국어화가 완벽하게 이루어진 외래어라고 보기에는 무리가 있을 수도 있겠습니다. 그렇지만 분명한 것은, 우리가 일상적으로 한국어로 말하고 쓰는 상황에서 이 신어들을 사용한다는 것입니다. 그렇게 보면 한국어라는 언어 체계 안에서 이 단어들이 사용되고 있다는 점 또한 무시할 수 없는 사실입니다. 따라서 우리 수업에서는 이러한 신어들이 비록 아직 완벽히 정착된 단어는 아니라고 하더라도 임시적으로나마 한국어 체계 안에서 다른 단어들과 마찬가지로 사용되고 있다는 점을 중시하여 이 단어들을 외래어라고 부르기로 한 것입니다.

그렇다면 외래어가 차용됨으로써 한국 사람들이 쓰게 된 신어로는 어떤 것들이 있을까요? 우선은 예능 프로그램을 통해서 함께 확인해 보겠습니다.

K-예능에서 신어 만나기

'서진이네'라는 예능 프로그램의 한 장면. 출연자 둘이서 주방에서 같이 음식을 준비하다가 핫도그가 밀려나면서 모양이 안 예쁘게 망가지는 사고가 발생한 상황입니다. 이 상황에서 한 출연자가 마치 자기는 아무 것도 모른다는 듯이 슬그머니 주방을 빠져나가는 장면이 펼쳐졌는데요. 이 상황에 대해서 자막에서는 '최 인턴이 뒷주방에서 로그아웃했습니다'라고 표현하고 있습니다.

이 '로그아웃(Log out)'은 외래어지요, 구체적으로는 영어로부터 차용해 온 말인데요. 원래는 웹사이트 등에서 나가는 것을 가리키는 말이지만, 여기에서는 어떤 사람이 물리적인 장소에서 빠져나가는 것에도 '로그아웃'이라는 말이 사용되고 있는 것을 볼 수 있습니다. 이 '로그아웃'이 활용된 재미있는 표현으로 '월급 로그아웃'이라는 표현도 있는데요, 통장에 들어온 월급이 다 빠져나간 것을 뜻하는 말입니다.

그 밖에도 신어 중에는 외래어를 차용하여 형성된 것이 생각보다 상당히 많습니다. 몇 가지 예를 조금 더 살펴볼까요?

> 📝 오버하다 (Over-하다)
>
> 📝 시크하다 (Chic-하다)

'오버하다', '시크하다'는 모두 활발히 사용되고 있는 신어들인데요, 영어에서 차용한 단어에 파생접사 '-하다'를 붙여서 만든 단어들이라는 공통점이 있습니다. 먼저 '오버하다'의 경우 영어 'over'를 어근으로 하는데요, '정도를 넘어서 지나치게 행동하다'라는 뜻을 가지고 있습니다. 물론 '오버하다'라는 동사 외에도 "그 애는 오버가 심해"라든지 "오버는 이제 그만" 등과 같이, '오버'라는 명사도 자주 사용됩니다.

'시크하다'라는 단어는 영어에서 차용한 단어 'chic'를 어근으로 하고 있는데요. 용모와 스타일이 세련되고 멋지다는 뜻으로, 주로 지적이고 도시적 이미지를 강조할 때 사용하는 말입니다. '시크하다'라는 동사뿐만 아니라 '시크'라는 어근에 한자어 '미(美)'가 붙어서 '시크미'라는 단어가 사용되기도 합니다. '시크미'란 '시크한 아름다움'이라는 뜻으로, '그는 특유의 시크미가 있다'와 같은 꼴로 쓸 수 있습니다.

지금까지 살펴본 예시들은 모두 '로그아웃, 오버, 시크' 등과 같이 차용된 외래어를 어근으로 하는 단어들이었는데요, 경우에 따라서는 이러한 외래어가 차용된 이후에 일부가 절단되어서 절단어로서 사용되거나 다른 단어와 섞여서 혼성어로 사용되기도 합니다. 이에 해당되는 예시는 이미 우리가 형태적 신어를 배우면서 만나본 적이 있었는데요, '내비게이션'에서 절단된 '내비', '호텔'과 '바캉스'가 절단된 후에 결합된 '호캉스' 같은 것들이 있습니다. 이처럼 외래어가 신어로 차용될 때에는 그 원래의 형태와 의미가 잘 살아남아서 그대로 활용되는 경우도 있지만 절단이나 혼성 등의 방식으로 형태가 달라지거나 본래의 원어로부터 달라진 의미를 가지고 사용되는 경우 등, 다양한 경우가 있습니다.

이처럼 외래어가 차용되어서 다양한 모습으로 활용되는 모습은, 우리가 생각하는 것보다 더욱 흔하게 관찰됩니다. 실제로 한 연구에서는, 2012년과 2013년에 조사된 신어의 어종을 분석해 본 결과, 단일 어원으로 신어가 생성될 경우 외래어가 가장 높은 비중을 차지하며, 복합어 신어의 경우도 외래어를 포함한 신어의 비중이 상당히 높았다고 설명하고 있습니다(남길임 외 2015). 이렇게 볼 때 신어가 형성되는 데 있어서 외래어의 차용이 생각보다 훨씬 중요한 부분을 차지한다는 것을 알 수 있겠습니다.

이렇게 해서 이번에는 외래어 차용에 따른 신어의 형성에 대해서 공부해 보았습니다. 다음에는 '한제외래어'라는 것에 대해서 공부해 보려고 하는데요, 외래어도 아니고 한제외래어는 대체 무엇일지 궁금하시지요? 궁금하신 분은 다음 강의로 넘어가 보시기 바랍니다.

02.
한제외래어의 생성

한제외래어란 무엇일까요? '한제(韓製) 외래어'는 곧 한국에서 만든 외래어, 한국식 외래어를 뜻합니다. 외래어는 외국어에서 차용해서 들여오는 말이라고 배웠는데, 한국식 외래어라니, 이게 무슨 뚱딴지같은 말일까요? 이제부터 차근차근 배워 보겠습니다.

우리가 흔히 쓰는 말들 중에는 영어와 같은 다른 나라 말에서 차용해 온 외래어처럼 보이지만, 실제로는 외국어에 존재하지 않는 경우가 존재합니다. 예를 들어, 한국어에서 사용되는 '핸드폰'이라는 단어를 생각해 보면, 이 단어를 구성하는 각 요소 '핸드(Hand)'와 '폰(Phone)'은 영어에서 차용한 것이지만, '핸드폰(Hand-phone)'이라는 단어는 실제로는 영어에서 사용되지 않는 단어입니다. 한국 사람들이 영어의 '핸드'와 '폰'을 가져와서 '핸드폰'이라는 말을 만들어낸 것이지요. 이런 단어들을 흔히 '콩글리시(Konglish)'라고 부르기도 하는데요, 아마 여러분도 이러한 콩글리시를 몇 가지는 알고 계실 수도 있겠습니다.

그런데 이른바 콩글리시라고 하는 것과 같은 새로운 유형의 외래어를 만들어 쓰는 현상은 다른 언어에서도 흔하게 찾아볼 수 있다고 합니다. 프랑스어에서는 '테니스선수(tennisplayer)'라는 의미의 'tennisman'이라는 표현을 사용하고요, 독일어에서는 휴대전화(mobile phone)의 의미로 'handy'를 사용한다고 합니다(Pulcini 외 2012). 이러한 단어들은 차용된 단어인 것처럼 보이지만 사실은 외래어를 재료로 해서 만들어낸 것입니다. 그래서 이러한 단어들, 외래어처럼 보이지만 외래어를 차용한 것은 아닌 단어들을 언어학적으로는 '의사외래어(擬似外來語, pseudo-loan)', '가짜외래어(false loans)' 등으로 불립니다. 콩글리시는 곧 한국어 체계에서 사용되는 의사외래어라고 볼 수 있겠지요.

> 예 투잡(two job)
>
> 예 풀옵션(full options)

그렇다면, 신어 중에서 여기에 해당되는 예시들을 조금 더 살펴볼까요? 먼저 '투잡'은 영어 'two'와 'job'을 재료로 해서 만든 단어인데요, 한 사람이 동시에 두 가지 일이나 직업에 종사하는 것을 뜻하는 말입니다. 이것에 해당되는 실제 영어 표현은 'second job'으로, 조금 다르게 표현하지요?

'풀옵션'의 경우에는 자동차나 임대로 얻는 집에 대해서 주로 쓰는 말인데, 표준 장치 이외에 별도로 선택하여 부착할 수 있는 장치나 부품, 또는 가구나 살림 같은 것들이 모두 갖추어져 있는 상태를 말합니다. 자동차에 쓰는 '풀옵션'에 해당되는 실제 영어 표현은 'Fully loaded'라고 하고요, 원룸이나 아파트 등이 냉장고, 세탁기, TV 등을 모두 갖춘 상태를 나타내는 실제 영어 표현은 'All-inclusive'라고 한다고 합니다.

그런데 이러한 콩글리시, 즉 한제외래어들은 그 형태가 그대로 사용되는 경우도 있지만 다양한 형식적 변형을 거쳐 사용되는 경우도 많습니다. 이것은 이들의 재료 자체는 영어나 기타 외래어이기 때문에 한국어의 음절 구조로 바꾸었을 때 잘 맞지 않거나 한 단어로 부르기에는 너무 긴 경우가 많기 때문입니다. 예를 들어서, 슈퍼마켓이나 편의점에서 파는 물건 중에 하나를 사면 하나를 더 얹어 주는 상품 구성인 경우를 가리키는 한제외래어로 '원 플러스 원(one plus one)'이 있는데요, 이대로 발음하면 너무 긴 음절 구성이 되기 때문에 '원플원'으로 줄여서 쓰는 경우가 많습니다. 한제외래어가 다시 축약어가 되는 것이지요. 이처럼 외래어나 한제외래어가 다시 형식적 변형을 거치는 경우에 해당되는 예를 몇 가지 더 살펴보겠습니다.

> **예** 애니(←animation)
> **예** 포텐(←potential)
> **예** 블박(←black box)
> **예** 썸(←something)

여기에 있는 단어들이 그 예시가 될 수 있는데요. 먼저 '애니'는 '애니메이션'의 절단어로 '만화나 인형을 이용하여 그것이 마치 살아 있는 것처럼 생동감 있게 촬영한 영화. 또는 그 영화를 만드는 기술'을 의미합니다. '포텐'의 경우 '포텐셜'에서 온 것으로 잠재력을 의미하는 절단어인데요, '포텐이 터졌다'라고 하면 잠재력을 발휘했다는 의미가 됩니다. '블박'의 경우에는 '블랙박스'에서 만들어진 축약어입니다. 블랙박스는 원래 비행기나 차량 등에 비치하는 비행 또는 주행 자료 자동 기록 장치를 의미하는데요, '블박'이라는 축약어로 부를 때에는 주로 차량에 달아놓고 주변을 녹화하는 카메라 장치를 가리킵니다. 디지털 화상 녹화 장치가 발달한 결과로 많은 자동차들이 이 소형 카메라를 장착할 수 있게 되면서 단어의 주된 쓰임새가 변화해 온 것으로 설명할 수 있겠습니다.

마지막으로 한 가지 단어를 더 배워볼 텐데요. 이번에는 예능 프로그램을 통해서 함께 확인해 보시겠습니다.

K-예능에서 신어 만나기

'유퀴즈온더블럭'이라는 예능 프로그램의 한 장면. 사회자가 출연자에게 '썸이에요? 사귀시는 거예요?'라고 질문하는 장면이 나옵니다. 바로 이 '썸'이라는 단어가 한제외래어로부터 온 절단어인데요. 이 단어는 원래 영어의 'something'에서 온 것입니다.

'썸'은 아직 연인 관계는 아니지만 서로 사귀는 듯이 가까이 지내는 관계를 나타내는 말입니다. 아직 정식으로 연인이라고 할 수는 없지만 그렇다고 둘 사이에 아무 것도 없는 관계는 아닌 것이니까, 다시 말하면 '뭐라고 콕 집어 말할 수는 없지만 무엇인가가' 둘 사이에 있다고 느껴지는 사이라고 할 수 있겠지요.

이렇게 해서 이번 시간에는 한제외래어에 대해서 공부해 알아보았습니다. 한제외래어는 흔히 '콩글리시'라고 부르고, 언어학적인 용어로는 '의사외래어'에 속하는 것으로, 다양한 언어적 재료들을 활용해서 신어를 창조하는 대중들의 창의력을 엿볼 수 있는 재미있는 유형입니다.

03.
외래어로서의 한국어 단어들

이번에는 외래어로서의 한국어 단어들에 대해서 공부해 보려고 합니다. 외래어로서의 한국어 단어들이라니, 언뜻 들으면 굉장히 뚱딴지 같이 들리는 말입니다.

우선은 앞에서 공부했던 내용을 다시 상기해 보겠습니다. 앞에서 우리는 한국어 체계 안에 차용되어 사용되는 외래어들, 그리고 외래어 재료들을 활용해서 한국인들에 의해서 새롭게 만들어진 한제 외래어들에 대해서 공부했는데요. 이렇게 어떤 언어의 단어나 표현들이 다른 언어 체계 안에 들어가서 사용되게 될 때, 이 단어들을 받아들이는 언어를 수용 언어라고 합니다. 즉 앞에서 배웠던 외래어의 경우에는 그 수용 언어가 한국어인 사례였던 것입니다.

이번 시간에는 이것과 반대로, 해외 다른 나라들에 소개되어 다른 언어의 체계 안에서 사용되고 있는 한국어에 대해서 알아보려고 하는데요, 즉 수용 언어가 한국어가 아닌 다른 나라 언어가 되는 경우입니다. 이런 경우에는 해당 수용 언어의 입장에서 보면 한국어 단어들이 외래어가 되겠지요? 따라서 이러한 한국어를 가리켜서 외래어로서의 한국어라고 부를 수 있겠습니다.

그럼, 이렇듯 해외 수용 언어의 체계 안에 편입되어 사용되고 있는 한국어 단어들은 무엇이 있을까요?

우리가 알지 못하는 더 많은 사례들도 있을 수 있겠지만, 우리 수업에서는 두 가지를 살펴보려고 합니다. 첫 번째는 영국 옥스퍼드 영어사전(OED)에 등재된 단어들 중에서, 한국에서 유래된 영어 표제어들입니다. 영국 옥스퍼드 영어사전은 1884년에 출간되어 현재까지 널리 사용되고 있는, 영어사전 중에서 가장 권위 있는 사전 중 하나인데요, 이 옥스퍼드 영어 사전에 한국어에서 수용된 단어가 처음으로 등재된 것은 1976년이었다고 합니다. 그 당시에는 '김치(kimchi)', '막걸리(makkoli)' 등의 소수 단어가 실렸다고 하는데요. 그 이후로 몇몇 단어들이 조금씩 추가되어 오다가 2021년에 무려 26개의 단어가 한꺼번에 등재되었다고 합니다. 이렇게 많은 단어들이 한꺼번에 등재된 것은 처음 있는 일이라서 많은 언론사에서도 보도가 되었는데요. 그렇다면 2021년에 옥스퍼드 영어사전에 등재된 한국어 단어들에는 어떤 것들이 있었는지, 몇 가지 유형으로 나누어서 한번 알아볼까요?

첫 번째로 알아볼 유형은 음식과 관련된 단어들입니다. 여기에 속하는 것들로는 '반찬, 불고기, 치맥, 동치미, 갈비, 잡채, 삼겹살' 등이 있는데요. 이렇게 많은 단어들이 옥스퍼드 사전에 등재됨으로써 음식 관련 단어들이 가장 큰 비중을 차지하고 있습니다. 불고기나 동치미, 갈비 같은 것들은 특정한 음식을 가리키는 명칭으로 고유명

K-예능과 새로운 우리말

옥스포드영어사전(OED) 2021년 등재 한국어		
aegyo(애교)	banchan(반찬)	bulgogi(불고기)
chimaek(치맥)	daebak(대박)	dongchimi(동치미)
fighting(파이팅)	galbi(갈비)	hallyu(한류)
hanbok(한복)	japchae(잡채)	K-, comb(K-복합어)
K-drama(K-드라마)	kimbap(김밥)	Konglish(콩글리시)
Korean wave(한류)	manhwa(만화)	mukbang(먹방)
noona(누나)	oppa(오빠)	PC bang(피시방)
samgyeopsal(삼겹살)	skinship(스킨십)	tangsoodo(당수도)
trot(트로트)	unni(언니)	

사의 성격을 가지기 때문에 그 이름이 그대로 수용되는 것이 자연스러운데요. 마치 한국어에서도 피자나 커피 등과 같은 단어들이 그대로 사용되는 것과 마찬가지입니다. 그런데 반찬은 사실 특정한 음식을 가리키는 이름은 아니기 때문에 조금 특이합니다. 한그릇음식이나 코스 요리가 많은 서구 문화권에서 보기에 한식에서와 같이 많은 반찬들이 한꺼번에 한상에 차려져서 나오는 것이 매우 특이해 보였을 텐데요. 기존에 서구에는 없던 상차림 형식이기 때문에 이러한 것을 표현하기 위한 단어가 함께 수용된 것으로 볼 수 있겠습니다.

두 번째로 나타난 유형은 바로 호칭어입니다. 여기에는 '누나, 오빠, 언니'와 같은 주로 가족 내 호칭에서 비롯된 단어들이 속하는데요. 사실 한국어에서 호칭어는 굉장히 독특한 언어문화를 보여줍니다. 영어에서는 형제자매를 지칭하는 단어가 오로지 성별에 따라서만 구분되지요. 여자 형제는 'sister', 남자 형제는 'brother'라고 부르는 것입니다. 그런데 한국어에서는 이렇게 성별에 따라서뿐만 아니라 나이의 많고 적음에 따라서도 단어가 구분되어 있는데요. 나보다 나이가 많은 여자 형제를 나타내는 단어는 '언니'와 '누나'로, 내가 여자인 경우에는 언니라고 부르고 내가 남자라면 누나라고 부릅니다. 그리고 나보다 나이가 많은 남자 형제는 '오빠'나 '형'이라고 부르는데요. 내가 여자인 경우에는 오빠라고 부르고 남자라면 형이라고 불러야 합니다. 그리고 나보다 나이가 어린 경우에는 '동생'이라고 부르고 동생이 여자라면 '여동생', 남자라면 '남동생'이라고 합니다.

이렇게 가족을 가리키는 단어가 다양하게 발달되어 있는 것이 한국어가 가지는 특징 중 하나인데요. 이 호칭어들은 가족의 테두리를 벗어나서 사회적 관계에서까지 활발히 사용되고 있습니다. 가까운 친구 사이에서도 나보다 나이가 많은 사람을 부를 때 '언니, 누나, 오빠'와 같은 호칭어를 쓰는 것입니다.

그런데 아마도 이러한 호칭어가 수용되게 된 것에는 한국 드라마의 영향이 큰 것으로 생각됩니다. 한국 드라마가 인기가 많아지다 보니까 드라마에 나오는 인물들이 서로를 부르는 데 사용하는 이 단어들에 대한 인지도도 높아지게 된 것일 수 있겠습니다.

이와 관련된 것이 바로 세 번째 유형으로, 한류와 관련된 단어들입니다. 여기에는 '한류'라는 단어 자체와 K-드라마, 그리고 K-팝이나 K-컬처 등을 포괄할 수 있는 'K-복합어'가 속합니다. 한국 문화가 세계적으로 인기가 많아지다 보니까 그 현상을 설명할 때 필요한 단어들이 생겨나게 되고 그러다 보니 이러한 단어들이 사전에까지 등재되게 된 것입니다. 그 밖에도 한국의 문화를 반영하는 단어들로 '만화, 먹방, 피시방, 한복, 대박' 등이 등재되었는데요. '먹방'이나 '대박' 같은 단어들은 아직 한국어 체계 내에서도 신어로 받아들여지고 있다는 사실을 볼 때, 해외에까지 이 단어들이 벌써 전파되어 사전에까지 등재되었다는 것이 무척 신기한 일입니다.

옥스퍼드 사전에 등재된 단어들 중에서 또 재미있는 부류는 바로 지난 시간에 배웠던 한제외래어들입니다. '파이팅, 스킨십, 트로트'와 같은 단어들인데요. 영어를 재료로 해서 만들어진 말이지만 본래 영어의 뜻과는 전혀 상관없이 새로운 의미로 한국에서만 사용하고 있는 단어들이지요. 이러한 단어들이 거꾸로 다시 영어 사전에 등재되면서, 한국어에서 유래한 단어들로 소개되고 있는 것이 무척 재미있습니다.

이렇게 해서 옥스퍼드 영어사전에 등재된 단어들을 중심으로 해서 해외 수용 언어의 입장에서 볼 때 외래어가 되는 한국어 단어들에 대해서 살펴보았는데요. 이번에는 일본어에서 수용된 단어의 사례를 더 알아보도록 하겠습니다.

일본에서도 역시 한류 열풍이 강하게 불면서 젊은이들 사이에서 유행이 된 한국어 단어들이 있다고 하는데요, 이것을 이른바 '한본어'로 부른다고 합니다. 한본어란 한국어와 일본어를 섞어서 쓰는 말인데요, 한국어 단어를 온전한 형태로 수용한 경우였던 옥스퍼드 사전 등재 어휘의 경우와는 달리 한본어에서는 한국어 단어에 일본어 어미, 연어, 부사 등을 붙인 형태로 사용하는 경우가 많다고 합니다.

5장. 외래어 차용과 신어 창조

예를 들어, '아랏소데스'는 한국어 '알았어'에 'です'가 붙은 것으로, '이해했습니다'라는 뜻으로 사용되고 있습니다. '친챠소레나'는 '진짜 그래', '테바이'는 '대박이다'라는 뜻으로 주로 일본 젊은이들이 많이 사용하고 있다고 하는데요.[5] 수용 언어인 일본어의 입장에서 본다면 이러한 표현들은 한국어라는 외래어에 기반하여 새롭게 만들어진 형태적 신어라고 볼 수도 있겠습니다.

이렇게 다른 언어 체계에 수용되어서 사용되고 있는 한국어 단어와 표현들에 대해서 알아보았습니다. 일반적으로 외래어는 한 언어문화권이 다른 어떤 언어문화권의 영향을 주로 받고 있는지를 보여주는데요, 한국어가 다른 언어문화권에서 외래어로 수용되어 사용되고 있는 이러한 현상은 한국 언어문화의 높아진 영향력을 실감 나게 합니다.

---

5   출처 : 한류타임스(https://www.hanryutimes.com)

K-예능과 새로운 우리말

04.
유사성에 기반한 신어의 창조

이제까지 우리는 신어의 여러 유형에 대해서 공부해 왔습니다. 새로운 형태가 만들어졌다는 점에 초점을 맞춘 형태적 신어, 새로운 의미가 만들어졌다는 점에 초점을 둔 의미적 신어, 그리고 외래어로부터 단어 자체를 가져오거나 외래어에서 유래한 언어 재료들을 재조합해서 만들어낸 외래어나 한제외래어 등에 대해서 공부했고요. 물론 많은 수를 차지하는 것은 아니지만 문법적 신어에 대해서도 부분적으로 이야기를 나누어 보았습니다.

그런데 이제까지 살펴본 것과는 조금 다른 관점으로 바라볼 필요가 있는 신어들도 있습니다. 그것은 바로 특정한 이유로 일부러 만들어낸 단어들인데요. 우선 예능 프로그램을 통해서 어떤 단어가 나오는지 함께 확인해 보도록 하겠습니다.

K-예능에서 신어 만나기

'신서유기 5'라는 예능 프로그램의 한 장면. 여기에서 출연자들이 가위바위보를 하는데요, 강호동이라는 출연자가 계속해서 가위바위보를 지게 되었습니다. 그러자 스스로를 '똥손'이라고 하면서 좌절감을 표현하는데요. '똥손'이라는 말은 손재주가 형편없는 사람을 비유적으로 이르는 말입니다. 손재주가 좋아야 가위바위보를 잘하는 것은 아니긴 하지만, 어쨌든 가위바위보도 손으로 하는 것이니까요. 자기가 손으로 하는 일인 가위바위보를 잘 못했다는 사실에 대해서 '똥손'이라고 스스로를 놀리고 있는 장면입니다. 그런데 자막에는 '똥손'이 아니라 '떵손'이라고 표현하고 있습니다. 이것은 '똥손'에 포함되어 있는 '똥'이라는 말이 금기어에 해당되기 때문에 유사한 발음을 가지는 다른 형태인 '떵'으로 바꾸어서 만든 말입니다.

앞에서 금기어와 그것을 대체하기 위한 완곡어에 대해서 공부한 적이 있는데, 기억 나시나요? 여기에서 확인되는 '똥'과 '떵'의 관계도 역시 사회적 금기어를 대체하기 위해서 새롭게 만들어낸 완곡어의 관계로 설명할 수 있겠습니다.

'떵손'의 경우에는 금기어를 대체하기 위해서 애초의 금기어와 유사한 형태로 살짝 바꿔서 만든 신어인데요, 그 밖에도 언어유희를 목적으로 원래 단어를 기반으로 해서 그와 유사한 형태로 살짝 바꿔서 신어를 만드는 경우가 있습니다. 여기 있는 예들이 바로 이러한 신어들입니다.

> **예** 텅장 (← 통장)
>
> **예** 햄볶다 (← 행복하다)
>
> **예** 라떼는 말이야 (← 나 때는 말이야)

'텅장'은 '통장'에서 '통'을 비슷한 발음의 '텅'으로 바꾼 것인데요, '텅 비어 있는 통장'을 가리키는 말입니다. 아무 것도 없이 비어 있는 모습을 나타내는 말인 '텅'과 '통장'의 첫 음절인 '통'이 음상적으로나 형태적으로 유사하다는 점에 착안해서 만들어낸 언어유희의 일종이라고 볼 수 있겠습니다. '햄볶다'라는 단어는 '행복하다'를 유사한 발음이 나는 형태로 바꾼 것인데요. 실제로 요리를 하는 행위로서의 '햄(을) 볶다'와 '행복하다' 사이에는 아무런 의미적 연관성이 없지만 그 발음이 비슷하다는 점에 착안해서 만들어낸 언어유희로 볼 수 있습니다. 마지막으로 나와 있는 예시는 '라떼는 말이야'라는 구절로 좀 길지요? 이것은 '나 때는 말이야'라는 구절에서 '나 때'이라는 부분을, 이와 유사한 발음이 나는 '라떼'로 바꾼 것입니다. 주로 기성세대가 젊은 사람에게 자신의 예전 방식을 말할 때 '나 때는 말이야.'라는 표현으로 말을 시작하는 경우가 많다는 점에 착안한 표현인데, '나 때'와 '라떼' 역시 아무런 의미적 상관성이 없지만 순전히 발음의 유사성 때문에 만들어진 형태라는 점에서 앞서 살펴보았던 다른 단어들과 유사합니다.

이러한 단어들은 형태부터가 기존에 존재하지 않던 것이라는 점에서는 형태적 신어에 포함해서 볼 여지도 물론 있습니다. 그러나 형태적 신어의 경우에는 주로 단어형성법이라는 특정한 형태론적인 과정에 따라 형성된 것이었다는 점을 생각해 볼 때, 이번과 다음 강의에서 연달아서 다루고자 하는 단어들은 조금 다른 특징을 가지고 있습니다. 합성이나 파생, 절단, 혼성, 축약 등의 어떠한 형태론적 과정으로도 그 단어 형성 방법을 설명할 수가 없다는 점에서 그러한데요. 기존의 언어 재료들을 활용해서 단순히 덧붙이거나 자르거나 섞거나 하는 방법으로 만들어진 것이 형태적 신어였다면 여기에서 다루고 있는 신어들은 아예 새로운 어휘론적 접근에 의해서 창조된 단어들이라는 것입니다.

다음으로 살펴볼 종류는 발음의 유사성이 아닌 의미의 유사성에 기반을 두고 다른 계열의 언어 재료를 끼워넣음으로서 새롭게 창조해 낸 신어들입니다. 여기에 해당되는 예를 먼저 예능 프로그램에서 함께 확인해 보시겠습니다.

K-예능에서 신어 만나기

'유퀴즈온더블럭'이라는 예능 프로그램의 한 장면. 출연자의 소셜미디어에 대해서 얘기하면서 '인별'이라는 자막이 제시되었습니다. '인별'은 '인별그램'을 줄인 말이고 '인별그램'이란 '인스타그램'을 나타내는 대체어로서 새롭게 만들어진 말입니다. '스타'에 해당되는 한국어 번역어인 '별'을 '스타'의 자리에 대신해서 넣은 것입니다.

이러한 '인별' 외에도 이와 유사한 단어들이 몇 개 더 있는데요.

K-예능과 새로운 우리말

'너튜브', '얼굴책' 같은 단어들입니다.

> 예 너튜브 (← 유튜브)
>
> 예 얼굴책 (← 페이스북)

'너튜브'는 '유튜브'를 가리키는 말인데요 영어인 '유(you)'에 대응되는 한국어인 '너'를 '유'의 자리에 바꿔 넣은 것입니다. 그러면 '얼굴책'은 무엇일까요? 아마 많은 분들이 이제까지의 설명을 토대로 이미 정답을 알아내셨을 텐데요. '얼굴책'은 '페이스북'을 가리키는 말입니다. 영어 단어 '페이스(face)'에 해당되는 한국어 단어인 '얼굴'과 '북(book)'에 해당되는 한국어 단어인 '책'을 가져다가 만든 대체 형식이지요.

그러면 왜 '유튜브'나 '인스타그램', '페이스북'이라는 단어들을 직접 사용하지 않고, 이러한 대체 단어들을 만들어낸 것일까요? 그것은 이 단어들이 주로 어디에서 사용되는지를 통해서 알 수 있는데요. 이러한 단어들은 주로 TV나 라디오 같은 방송 프로그램에서 주로 사용된다는 특징이 있습니다. TV나 라디오 같은 방송 프로그램에서는 광고를 목적으로 한 것이 아니라면 특정 상호명이나 브랜드명을 직접적으로 언급하는 것을 피하는 관례가 있는데요, 이러한 이유로 인해 특정 상호명이나 브랜드명을 직접적으로 언급하지 않으면서도 시청자들이 그 단어가 가리키는 것이 무엇인지 알아들을 수 있도록 하기 위해서 이러한 새로운 형태의 대체어를 만들어서 사용하는 것입니다. 이러한 대체어들은 기존에 존재하는 단어와 동일한 대상을 가리키면서도 그것을 대신해서 말하기 위한 용도로 만들어진 것으로 대체 형태를 창조하는 방식으로 형성된 신어라는 점이 특징적입니다.

이렇게 형태론적 과정이나 의미론적 과정으로 설명되지 않는, 새로운 유형의 신어에 대해서 이야기를 해 보았습니다. 이러한 종류의 신어에 대해서는 아직까지 깊이 있게 연구가 이루어지지 않고 있는 형편인데요. 우리 책에서는 이러한 유형의 신어에 대해서 '유사성에 기반하여 창조된 신어'로 보고 몇 가지 사례들을 공부해 보았습니다. 여기에 소개한 단어들 중에는 단순히 짧게 줄여서, 경제적으로 말하기 위한 동기 말고 '더 재미있게 표현하기 위해서'나 '다른 단어를 대체해서 표현해야 하는 상황에서 사용하기 위해서'라는 확실한 동기를 가지고 만들어낸 말들이 많았지요. 그런데 이렇게 분명하고 확고한 동기에 의해서 아예 새롭게 만들어지는 말들로 대표적인 부류는 따로 있는데요, 바로 순화어입니다. 이 순화어에 대해서는 다음 강의에서 알아보도록 하겠습니다.

05.
순화어의 창조

앞서서 살펴보았던 단어들 중에 어떤 것들은, 방송이라는 특정한 상황에서 직접적으로 언급할 수 없는 대상에 대해서 표현하기 위해서 만들어낸 대체어로 기능하는 신어들이었습니다. '인별그램'이나 '너튜브' 같은 단어들이었는데요. 이렇게 어떤 단어를 대신해서 사용하기 위해서 아예 작정하고 새롭게 만들어내는 말들이 있습니다. 특히 외래어를 대체하기 위해서 만들어내는 말들이 많은데요, 이러한 단어들을 '순화어'라고 합니다. 이번에는 이 순화어에 대해서 공부해 보도록 하겠습니다.

애초에 국어 순화어를 만들기 시작했던 것에는 역사적인 배경이 있습니다. 한국은 1910년부터 1945년까지 일제강점기를 겪었는데요, 그 시절에 많은 일본어 단어나 표현들이 한국으로 들어와서 사용되었습니다. 그러다가 1945년에 독립을 맞이한 후에 남아 있던 일제강점기의 잔재를 청산한다는 민족주의적인 목적으로 국어 순화 운동이 시작된 것이지요. 예를 들어 일본어 '벤또우(べんとう)'는 '도시락'으로, '다마네기(たまねぎ)'는 '양파'로 바뀌어 일

반 언중들 사이에 잘 뿌리내려 쓰이게 되었습니다.

그러나 현재 시점에서 국어 순화어를 만드는 것은 이러한 역사적인 배경과는 그 목적이 많이 달라졌습니다. 현재는 주로 이해하기 어려운 외래어를 이해하기 쉬운 우리말로 바꾸어서, 다양한 연령과 계층의 사람들이 두루 통용하며 의사소통을 원활히 할 수 있도록 하기 위해서 순화어가 만들어지고 있는데요, 그러다 보니까 주로는 낯선 외래어가 들어왔을 때 그 외래어를 대체하기 위해서 순화어가 만들어지는 경우가 많습니다. 몇 가지 사례를 함께 보실까요?

예 댓글 (리플)

예 갓길 (노견)

예 동아리 (서클)

여기 제시된 단어들 '댓글', '갓길', '동아리' 등은 모두 성공적으로 잘 정착된 순화어로 평가받는 것들입니다. 먼저 댓글은 인터넷 게시글에 대해서 답변 형식으로 다는 코멘트 글을 일컫는데요, '답변'에 해당되는 외래어 '리플라이(reply)'을 절단한 절단어 '리플'이 많이 사용되다가, 그에 대한 순화어로 '댓글'이 제시된 이후에는 이 '댓글'이라는 말이 잘 정착되어 사용되게 되었습니다.

'갓길'은 '노견'을 대체하도록 제안된 순화어입니다. 갓길은 고속도로나 자동차 전용 도로에서 자동차가 달리는 도로 폭 밖에 있는 가장자리 길을 나타내는데요. 위급한 차량이 지나가거나 고장난 차량을 임시로 세워 놓기 위한 용도로 사용됩니다. 이 갓길이라는 용어 역시 노견을 성공적으로 대체한 것으로 평가받고 있습니다.

'동아리'는 사전적으로는 같은 뜻을 가지고 모여서 한패를 이룬 무리를 말하는데요. 주로 학생들이 관심사에 따라서 모여서 함께 교류하며 활동하기 위해 만든 단체를 나타낼 때 쓰는 말입니다. 이 '동아리'라는 말 대신에 과거에는 '서클(circle)'이라는 영어 단어가 주로 사용되었는데요, 순우리말로 바꾸어 사용하자는 운동이 많은 대학생들의 호응을 얻으면서 '동아리'라는 순우리말이 잘 정착하게 되었습니다.

이렇게 몇 가지 순화어의 사례를 살펴보았는데요, 순화어 중에서 성공적으로 정착되어 쓰이는 말이 많은 것은 아닙니다. 언어란 자연스러운 것이고 언중이 어떤 단어를 이미 들여와서 잘 사용하고 있을 때, 인위적으로 그 말 대신에 다른 새로운 말을 쓰라고 한다고 해서 그 새로운 말이 우위를 점하게 되는 것은 쉽지 않은 일이지요. 그렇다면 어떤 경우에 순화어가 성공적으로 자리를 잡게 될 수 있을까요?

첫째, 순화어가 언어학적으로 더 효율성이 높은 단어인 경우에 그 순화어가 정착할 가능성이 높습니다. 위에서 '리플'과 '댓글'의 사례를 살펴보았는데요. '리플'에 비해서 '댓글'이 언어적 활용도가 더 높습니다. 우리가 하는 온라인 활동을 잘 생각해 보면요, 어떤 게시글에 코멘트를 달 뿐만 아니라 이 코멘트에 대한 코멘트를 또 달게 되는 경우도 상당히 많습니다. 이 '리플에 대한 리플'을 지칭할 수 있는 말이 외래어 계열로는 없는데요, '리플'에 대해서 '댓글'이라는 말을 사용하면 리플에 대한 리플을 지칭할 때는 '대댓글'이라는 말을 씀으로써 이 둘을 짧고도 효과적으로 구분하여 지칭할 수가 있습니다. 언어도 결국에는 인간의 도구이기 때문에, 이렇게 더 효과적으로 사용될 수 있는 도구라면 그것이 선택받을 확률이 당연히 높아지겠지요.

둘째, 순화어가 기존 단어보다 의미적으로 더 선명한 단어인 경우에 잘 정착할 가능성이 높습니다. 앞서 살펴본 예시 중에서 '노견'이라는 기존 단어보다 '갓길'이라는 순화어가 고속도로 가장자리 길이라는 의미를 더 선명히 잘 보여주고 있지요. 게다가 노견이라고 하면 나이 많은 개를 뜻하는 동음이의어와 혼동될 여지도 있다는 점에서, 동음이의어가 없는 '갓길'이 의사소통 상황에서 더 자주 활용되는 데 유리한 조건을 가지고 있다고 볼 수 있겠습니다.

셋째, 주로 대학가에서 쓰이는 단어 중에서 아름다운 우리말 쓰기 운동의 영향을 받아 적극적으로 사용이 권장된 단어들이 있습니다. 앞서 살펴본 '동아리' 외에도 '새내기, 모꼬지, 새터' 등의 단어를 예로 들 수 있는데요. 이 단어들은 모두 대학생들 사이에서 활발히 사용되면서 정착하게 된 단어들입니다.

마지막으로 더 경제적으로 활용할 수 있는 순화어를 만들면 기존 단어를 대체할 확률이 높아집니다. 잘 알려진 순화어 중에 '둔치'가 있는데요, 이는 '고수부지'를 대체하여 사용되는 말입니다. 고수부지(高水敷地)는 '큰물이 날 때만 물에 잠기는 하천 언저리의 터'를 말하는 일본식 한자어인데요, 정작 일본어 사전에도 없는 말이라고 합니다. 이 단어는 '둔치'라는 순우리말이 순화어로 제안된 이후에 '둔치'라는 말로 대체가 되었는데요. '고수부지'는 언뜻 그 의미가 무엇인지

K-예능과 새로운 우리말

알기도 어렵지만, 무엇보다도 4음절이나 되는 긴 단어입니다. 이에 비해서 둔치는 2음절에 불과하기 때문에 경제적 측면에서 더 강점을 가지고 있습니다. 이렇게 비교적 짧은 음절 안에 의미가 선명히 드러나도록 순화어를 만든다면 그 단어가 정착할 가능성을 조금이라도 더 높일 수 있겠습니다.

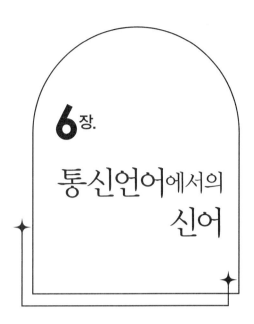

6장.

통신언어에서의
신어

6장.
통신언어에서의 신어

01.
사용역의 개념

　　이번 6장에서는 이제까지와는 조금 다른 매체에 대해서 이야기를 해 보려고 합니다. 바로 온라인 매체에서 이루어지는 언어생활에 관련된 것입니다. 오늘날의 언어생활에 대해서 말하자면 온라인 매체를 통하여 수행되는 언어생활을 빼놓고 이야기할 수가 없기 때문입니다. 전통적으로 인간의 언어 활동은 구어를 활용한 의사소통과 문어를 활용한 의사소통으로, 이분법적으로 구분되었었는데요. 다양한 온라인 매체의 발전과 함께 이러한 온라인 매체를 활용한 의사소통이 매우 활발해지면서 이 부분은 현대인의 언어생활에 있어서 매우 중요한 부분이 되었습니다. 이렇게 온라인 통신 매체를 통하여 사용되는 언어를 흔히 통신언어라고 부릅니다. 이러한 통신언어는 고유한 특징을 가지고 있는데요, 몇 가지 고유한 특징으로 인해서 신어가 매우 활발하게 생산되고 유통되는 장으로서의 역할을 하기도 합니다. 따라서 이 장에서는 통신언어에서의 신어에 초점을 맞추고 공부해 볼 텐데요, 오늘은 그중에서 첫 번째 시간으로 이 통신언어의 특징을 이해하기 위해서 필요한 개념이죠, 사용역에 대해서 먼저 공부해 보도록 하겠습니다.

사용역에 대해서 논의하기에 앞서서 우선 '맥락'에 대한 이야기를 해야 합니다. 언어는 맥락 속에서 만들어지고 실행됩니다. 동일한 형태의 언어라도 맥락에 따라서 다른 의미기능을 하기도 하지요. 맥락은 다양하다는 이유로 종종 그 중요성이 과소평가되는 경우도 있지만, 언어는 언제나 맥락 속에서 존재하며, 그것이 존재하는 맥락에 따라 완전히 다르게 의미 파악이 되기도 한다는 점에서 맥락은 언어 생활에 있어서 필수적인 요소라고 볼 수 있습니다. 예를 들어서, 여러분이 누군가를 칭찬하는 맥락에서 "아주 잘하셨네요."라고 말할 수도 있지만, 비아냥거리면서 힐난하는 맥락에서 "아주 잘~ 하셨네요."라고 말할 수도 있겠지요. 이렇게 동일한 언어 표현이라 하더라도 맥락에 따라서 그 의미가 완전히 달라질 수도 있습니다. 따라서 1960년대 이후 언어학자들은 언어 표현 그 자체뿐만 아니라 언어가 수행된 맥락을 고려하여 언어를 연구해야 한다는 데 동의하고, 이러한 관점에서 언어학 연구가 계속 발전되어 오고 있습니다.

그런데 이러한 맥락에는 크게 사회문화적 맥락과 상황적 맥락이 있는데요, 사회문화적 맥락은, 하나의 언어 집단이 구성하고 공유하는 사회적·문화적 환경으로, 역사적 상황이나 사회적 상황, 이념, 공동체의 가치나 신념 같은 것을 포함하는 것입니다. 이것은 언어생활에 간접적으로 작용하는 맥락입니다. 상황 맥락이란, 보다 구체적인 의사소통 상황에 초점을 둔 것인데요, 화자와 청자의 관계, 언어 수행이 이루어지는 시간이나 장소, 발화의 의도나 목적 등과 같이 의사소통 행위가 일어나는 장면 그 자체와 관련된 맥락을 의미합니다. 이러한 두 가지 종류의 맥락 중에서 특히 상황적 맥락을 곧 사용역이라고 부릅니다. 즉 사용역(使用域, register)이란, 화자가 특정한 상황에 따라 언어를 적절히 바꾸어 사용하게 되는데, 그것과 관련된 의사소통의 맥락을 나타내는 용어라고 할 수 있습니다.

조금 더 구체적으로 설명해 보겠습니다. 저는 한국어를 쓰는 한국어 모어 화자인데요, 같은 한국어 모어 화자라 하더라도 모두가 같은 방식으로 언어를 사용하는 것은 아닙니다. 계층이나 연령, 지역 등에 따라서 다양한 방식으로 언어가 나타나지요. 이러한 언어적 변이는 한 개인 안에서도 발생하는데요, 가장 크게는 문어로 소통하느냐 구어로 소통하느냐에 따라서 아주 다른 방식으로 언어를 사용합니다. 문어로 의사소통을 할 때에는 비교적 길고 문법적으로도 복잡한 문장으로 말하는 것이 가능하지만 구어로 의사소통을 할 때에는 비교적 짧은 호흡으로 말하고, 반복이나 쉼, 오류의 수정 등이 실시간적으로 발생할 수 있습니다. 고개 끄덕임이나 손동작, 표정 등과 같은 동반언어적 표현의 도움을 받을 수 있는지 여부도 구어와 문어 사이에 나타나는 커다란 차이점입니다.

더 세부적으로 보게 되면 같은 문어라 하더라도 구체적인 텍스트 유형에 따라서 문체가 달라집니다. 예를 들어 편지에 사용되는 언어와 신문 기사에 사용되는 언어 사이에는 주로 사용되는 단어나 종결어미 등에 있어서 차이가 있을 수밖에 없습니다. 편지에서는 받는 대상에 따라서 '요즘 경제 상황이 좋아졌어요.'처럼 표현하겠지만 신문 기사에서는 '최근 들어 경제 상황이 개선되었다.'와 같이 표현하겠지요.

구어의 경우에도 마찬가지입니다. 같은 구어라고 하더라도 우리가 친구와 사적인 대화를 나누는 경우에 사용하는 언어와 공적인 자리에서, 예를 들면 강연을 하는 자리에서 사용하는 언어 사이에는 차이가 있을 수밖에 없습니다.

전통적으로 인간의 언어생활에 큰 영향을 미치는 사용역은 주로 구어와 문어로 구분되었습니다. 그런데 앞서 언급한 것과 같이 현대인의 언어생활은 단순히 구어와 문어의 구분만으로 설명할 수가 없는데요. 우리의 일상생활을 돌아보면, 통신언어라는 사용역에서 언어를 활용한 여러 활동들, 특히 읽거나 쓰는 활동을 굉장히 활발히 하고 있다는 것을 여러분들도 느끼셨을 거라고 생각됩니다. 특히 스마트폰이 대중화되고 소셜미디어가 다양하게 발달하면서 이러한 경향은 더욱 더 심화되었고요. 정보통신기술이 발전함에 따라서 앞으로도 더욱 심화될 것으로 많은 전문가들이 예측하고 있습니다. 따라서 한국어의 면모를 살펴보기 위해서 우리는 한국어의 구어와 문어를 살펴보아야 할 뿐만 아니라 통신언어에서 사용되는 한국어의 모습에도 주목해야 할 필요가 있다고 할 수 있겠습니다.

그렇다면 이러한 통신언어라는 사용역이 갖는 특징은 구체적으로 어떤 것이 있을까요? 이 부분에 대해서는 다음 강의에서 알아보도록 하겠습니다.

02.

통신언어 사용역의 특성

　　이번 장에서는 통신언어에 나타나는 신어를 주제로 해서 공부하고 있습니다. 지난 시간에는 이것을 잘 이해하기 위해서 필요한 언어학적인 개념이죠, 맥락과 사용역이라는 개념에 대해서 소개해 드렸습니다. 이번 시간에는 지난 시간에 배운 기본적인 개념을 토대로 해서 통신언어라는 사용역이 가지는 특징에 대해서 공부해 보려고 합니다.

　　통신언어의 특성을 이해하기 위해서는 개별 사용역의 특징을 나타내는 데 사용되는 3가지의 변인에 대해서 먼저 알아둘 필요가 있습니다. 그것은 바로 양식(mode), 관계(tenor), 장(field)인데요. 이 각각의 변인에 대해서 하나씩 알아보도록 하겠습니다.

　　우선 첫 번째 변인은 '양식'입니다. 양식은 간단히 말하면 언어 사용의 전형적 상황과 관련되는데요, 이 개념을 통해서 전형적인 구어 상황과 문어 상황의 특성을 아래 표와 같이 정리할 수 있습니다.

구어 담화	문어 텍스트
상호적	비상호적
2인 또는 그 이상의 참여자	1인 참여자
대면	비대면
같은 시간, 같은 공간에서	혼자
즉흥적인	즉흥적이지 않은
무엇을 말할 것인지 리허설하지 않는	계획하기, 초고 쓰기, 다시 쓰기

　그런데 우리가 관심을 가지는 통신언어는 위의 표에 나타나는 전형적인 구어의 특성과도 다르고 전형적인 문어의 특성과도 다릅니다. 어떤 온라인 커뮤니티나 메신저를 통한 의사소통 상황을 생각해 보세요. 우선 통신언어는 서로 주거니 받거니 하는 상호작용을 할 수 있지요. 그리고 매우 많은 수의 참여자가 동시에 참여할 수 있습니다. 그리고 이러한 상호작용이 실시간으로 발생할 수 있고요, 다소 즉흥적인 편입니다. 이렇게 보면 구어와 유사한 특성을 가지는데요. 그런데 또 통신언어는 비대면 의사소통이면서 물리적 공간을 전제한다면 혼자서 참여하게 되지요. 이렇게 보면 문어의 특성과 유사합니다.

　그럼 다음으로 넘어가서 두 번째 변인인 '관계'에 대해서 알아볼까요? 이 관계는 언어를 통한 의사소통 상황에 참여하고 있는 참여자들의 관계에 관련되는 것입니다. 예컨대 화자와 청자 사이에 권력이나 지위에 차이가 있는가, 화자와 청자는 자주 교류하는 사이인가, 정서적 연대감이 있는 사이인가 등과 같은 것입니다. 이러한 변인으로는 격식적인 상황과 비격식적인 상황의 전형적인 특성을 설명할 수 있습니다. 이는 아래 표에 나와 있는 것과 같습니다.

K-예능과 새로운 우리말

비격식적 상황	격식적 상황
동등한 힘	동등하지 않은 힘, 위계적인 힘
빈번한 교류	빈번하지 않은 교류, 일회성 교류
높은 정서적 연대감	낮은 정서적 연대감

그렇다면 통신언어는 어떤가요? 온라인 커뮤니티에 글을 쓸 때를 생각해 보시면, 역시 전형적인 격식적 상황과 비격식적 상황에서 관찰되는 특징이 섞여서 나타난다는 점을 알아차리실 수 있으실 겁니다. 우선 힘의 측면에 있어서는 온라인 커뮤니티의 참여자들은 대부분 동등한 쪽에 가까울 것입니다. 그래서 커뮤니티에서는 반말이나 비속어도 많이 관찰될 수 있는 것이고요. 그리고 그 교류는 일회적이라기보다는 다회적인 경우가 많습니다. 그런데, 마지막으로 정서적 연대감의 경우는 어떤가요? 온라인 공간의 화청자들은 주로 서로가 실제로는 어떤 사람인지 알지도 못하고 관심도 없는 경우가 대부분이겠지요. 정서적 연대감은 낮은 편에 가깝습니다. 그래서 이번에는 격식적 상황과 유사한 특성도 가지고 있는 것을 알 수 있지요.

마지막 세 번째 변인은 바로 '장'입니다. 장은 의사소통 참여자들이 참여하는 활동의 초점이나 주제와 관련되는 상황 변인인데요. 쉽게 말해서 우리가 어떤 주제에 대해서 의사소통하고 있는가 하는 부분입니다. 이 부분과 관련된 상황으로는 전문적인 상황 대 일상적인 상황의 구분을 생각해 볼 수 있습니다.

전문적인 상황	일상적인 상황
활동/제도/분야에 대해	일상에 대해

앞서 살펴보았던 두 가지 변인을 통해 보았을 때 통신언어는 여러 특성이 복합적으로 나타나기 때문에 전통적인 문어 대 구어의 특성이나 격식적 상황 대 비격식적 상황의 특성 중 어느 한 곳에 속하지 않는다는 점을 말씀드렸는데요. 이 마지막 변인으로 살펴보았을 때, 통신언어는 전문영역이나 일상영역 등을 모두 포괄하여 논의가 이루어지는 장이라는 특징이 포착됩니다. 굉장히 포괄적인 장의 특성을 가지는 것입니다.

자, 이제까지 사용역의 세 가지 변인에 따라서 통신언어의 구체적인 특징을 알아보았습니다. 이것을 다음과 같이 정리해 볼 수 있습니다.

첫째, 통신언어는 상호적이면서 동시성, 실시간성을 가질 수 있다는 점에서는 구어적 특성을 갖습니다. 그러나 물리적으로 함께 있지 않으며 비대면 의사소통을 한다는 점에서는 문어적 특성을 갖습니다. 둘째, 통신언어는 그 참여자들이 동등한 힘을 공유하며 빈번히 교류할 수 있다는 점에서는 비격식적 상황의 의사소통 특성을 가집니다. 그러나 정서적 연대감의 수준이 높지 않다는 점에서는 격식적 상황의 특성 역시도 공유합니다. 셋째, 통신언어는 일상적인 잡담에서부터 전문적인 의견 교환에 이르기까지 거의 모든 주제에 대해서 제한 없이 다루어진다는 점에서 굉장히 포괄적인 장으로서의 성격을 갖습니다.

이러한 통신언어의 특성은 거기에서 나타나는 신어의 특성에도 영향을 미칩니다. 실시간성을 위해서 언어의 경제적 사용이 선호되고, 동반언어적 표현의 도움을 받지 못한다는 특징으로 인해 다양한 이모티콘 등의 새로운 형태의 표현 기법이 동원될 수 있습니다. 또한 참여자들 사이에 권력이나 지위의 차이가 없거나 매우 적기 때문에 다양한 언어유희가 발생하고 공유될 수 있고요. 정서적 연대감의 수준이 높지 않기 때문에 많은 비속어들이 관찰됩니다. 그리고 통신언어에서는 전문어와 일상어를 모두 포괄하여 다양한 신어들이 관찰될 수 있습니다.

　이렇게 해서 통신언어라는 사용역의 특성을, 세 가지 사용역 변인이라는 이론의 틀을 가지고 설명해 보았습니다. 그리고 바로 그러한 특징들 때문에 신어를 연구할 때 통신언어에서 나타나는 신어를 살펴보는 것이 매우 중요하다는 것을 다시 한번 알 수 있었습니다. 그럼 다음 강의에서는 본격적으로 통신언어에 나타나는 신어의 유형과 구체적인 사례를 짚어 보도록 하겠습니다.

03.
경제성을 위한 신어의 사용

이제부터는 본격적으로 통신언어에서 사용되는 신어의 양상에 대해서 구체적으로 알아보겠습니다. 우선 이번 절에서는 그중에서도 경제성을 위해서 나타나는 신어에 대해서 알아보고 다음 절에서는 언어유희를 위해서 나타나는 신어에 대해서 알아보도록 하겠습니다.

우선 한 가지 짚고 넘어가야 할 것이 있습니다. 신어에 대한 공부를 하면서 통신언어에 나타나는 신어를 공부해야 하는 이유에 대해서는 앞에서 충분히 설명을 드린 것 같습니다. 그렇다면 K-예능과 통신 언어는 어떤 관련이 있을까요? 물론 크게 보면 통신 언어에서 신어들이 많이 생산되다 보니까 이것이 특히 젊은 층을 중심으로 해서 언중들에게 전파가 되고 그것이 다시 젊은 층이 많이 소비하는 예능 프로그램에도 등장하게 되는 것은 따로 설명이 필요하지 않을 정도로 자연스러운 현상이라고 할 수 있습니다.

그런데 K-예능의 특징과 관련해서 한 가지 더 언급할 만한 것은 바로 '자막'의 존재입니다. 한국

K-예능과 새로운 우리말

예능 프로그램에서 자막이 굉장히 많은 역할을 하고 있는데요. 한국의 예능 프로그램에서는 1990년대 중반 이후 제작진의 연출 도구로써 자막의 사용 빈도가 급격히 증가하였고, 현재는 자막 없이 방송되는 예능 프로그램은 거의 존재하지 않는다고 봐도 무방할 정도로 핵심적인 역할을 수행하고 있습니다. 특히 2000년대 들어서 자막의 사용이 급격히 증가한 이후로 현재까지도 한국 예능 프로그램에서 자막은 제 역할을 톡톡히 하고 있습니다.

이러한 자막의 역할은 세 가지 정도로 이야기할 수 있는데요. 첫째, 시청자들의 주의를 집중시켜서 몰입도를 높여 주는 역할입니다. 둘째, 내용 전개에 대한 추가적인 정보를 제공하여 시청자들의 이해를 도와주는 역할입니다. 그리고 세 번째로는, 중요한 내용을 요약적으로 표시하고 강조해 주는 역할도 할 수 있습니다.

자막의 이러한 역할을 고려한다면, 자막을 통해서 전달되는 언어는 최대한 짧고 간결하게 메시지를 전달해야 한다는 것을 알 수 있습니다. 너무 길거나 담고 있는 메시지가 명료하지 않거나 너무 어려운 말로 되어 있다면 시청자의 몰입도를 오히려 해치게 될 수도 있기 때문입니다. 바로 이러한 자막의 특성이 요구하는 점은 통신언어에서 요구되는 언어의 경제적 사용과 동일하다는 점에 주목할 필요가 있겠는데요. 통신언어에서도 역시 언어의 경제적 사용은 아주 중요하게 나타나는 특성 중 하나입니다. 왜냐하면 이제까지 주류 통신언어는 대부분 문자 언어로 되어 있으며, 이 문자 언어를 발신하는 방식은 손가락을 이용하여 자판을 두드리거나 스마트폰이나 태블릿 PC를 터치하는 행동을 통하여 문자를 입력하는 방식으로 되어 있기 때문입니다. 이 방식은 물론 손 글씨를 쓰는 방식에 비해서는 짧고 효율적이기는 하지만 구어의 사용 방식에 비교하면 비교할 수도 없을 정도로 많은 시간과 노력이 요구되는 방식이라는 점에는 의심의 여지가 없겠습니다. 우리 인간은 어떤 행동에 있어서도 최소한의 인풋으로 최대한의 아웃풋을 내고 싶어 하는 경향이 있지요. 이렇게 효율성과 경제성을 추구하는 인간의 특성은 인간의 언어 행위에 있어서도 마찬가지입니다. 그리고 이러한 점이 가장 명시적으로 관찰되는 사용역 중 하나가 아마도 이 통신언어가 아닌가 싶은데요. 그러면, 이러한 언어의 경제적 사용을 위해서 통신언어에서 주로 나타나는 신어, 우리가 앞에서 논의한 바에 따르면 아마도 예능 프로그램의 자막에서도 동일하게 관찰될 수 있겠지요? 그러면 예능 프로그램의 자막을 통해서 한번 확인해 보시겠습니다.

K-예능에서 신어 만나기

'지구오락실'이라는 예능 프로그램의 한 장면. 출연자들의 감정을 명시적이면서도 간단하게 전달하기 위해서 사용된 신어가 두 가지 자막으로 나타납니다. 하나는 자음으로만 표기된 형식인 'ㅎㄷㄷ'이고, 다른 하나는 반대로 모음으로만 표기된 형식인 'ㅠㅠ'입니다.

우선 'ㅎㄷㄷ'은 '후덜덜'이라는 의태어에서 각 음절의 첫소리만 따서 표기한 것인데요, '후덜덜'은 몹시 놀라거나 무서워서 팔다리나 몸이 자꾸 크게 떨리는 모양을 나타내는 말입니다. 방금 보신 장면에서는 두려워서 떨고 있는 심정을 명시적으로 잘 전달하기 위해서 이 자막이 사용되었고요. 그리고 두 번째로 나타난 'ㅠㅠ'는, 사실 이 시간에 다루고 있는 언어의 경제적 사용과 관련된 것은 아니기 때문에 다음 시간에 이 부분에 대해서는 이야기를 하는 것으로 잠시 미루어 두겠습니다.

그러면 '후덜덜'을 왜 여기에서는 'ㅎㄷㄷ'과 같이 표시했을까요? 이러한 표기를 '두문자어'라고 하는데요, 각 음절의 첫 번째 문자만을 따서 만들어진다는 점에서 붙여진 이름입니다. 이러한 두문자어는 인사말, 간단한 응답을 나타내는 표현, 화자의 감정을 나타내는 표현 등에서 주로 나타나는데요. 각각에 해당되는 예시를 보면서 더 알아보겠습니다.

예 ㄱㅅ (감사)

예 ㅅㄱ (수고)

예 ㅎㅇ (하이)

예 ㅂㅇ (바이)

이 예시들은 각각 '감사', '수고', '하이', '바이'를 나타내는 두문자어인데요, 모두 다 인사말에서 주로 쓰는 말이라는 특징이 있습니다. 소셜미디어나 온라인 메시지 등의 통신언어는 음성이 아닌 문자로 주로 의사소통을 한다는 점에서는 문어와 유사하지만, 여타의 문어들과 가장 큰 차이점 중 하나는 발신자와 수신자가 서로 실시간으로

6장. 통신언어에서의 신어

의사소통하는 것이 가능하다는 것입니다. 이에 따라 발신자와 수신자 사이에 즉각적인 인사말이 매우 많이 나타나는데요. 이러한 인사말은 매우 빈번하게 등장하기 때문에 특히 이러한 단어들은 경제성을 고려하여 사용되는 경향이 있는 것으로 보입니다.

> 예 ㅇㅋ (오케)
>
> 예 ㄴㄴ (노노)
>
> 예 ㅇㅇ (응응)

다음으로 살펴볼 단어들은 간단한 응답을 나타내는 표현들입니다. 여기에 속하는 것들로는 '오케', '노노', '응응'을 표현하는 두문자어들이 있는데요. 이 단어들 역시 소셜미디어나 온라인 메시지 등에서 발신자와 수신자가 실시간적인 교대 담화를 하는 상황에서 매우 빈번하게 나타나는 표현들입니다. 이러한 대답 표현들은 보통 어떤 문장 안에 포함되어 나타나는 것이 아니라 독립적으로 사용되는 경우가 많다 보니까 이렇게 짧고 경제적으로 사용되는 경향이 나타나기 쉽다는 특징이 있습니다.

> 예 ㄱㅇㅇ (귀여워)
>
> 예 ㅉㅉ (쯧쯧)

마지막으로 살펴볼 또 한 가지의 신어 유형은 화자의 감정을 나타

K-예능과 새로운 우리말

내는 표현들입니다. '귀여워'나 '쯧쯧' 같은 표현을 나타내는 두문자어의 예시를 볼 수 있는데요. 이러한 표현들은 화자의 리액션, 즉 반응을 나타낼 때 주로 사용되는 것으로 특히 댓글이나 응답 표현에서 많이 관찰됩니다.

이렇게 통신언어에서 주로 경제적 효과를 위해서 많이 사용되는 두문자어의 사례를 살펴보았는데요. 이들은 모두 중요한 정보를 전달하는 상황이 아니라 간단한 인사 표현이나 응답 표현 등에 해당되는 것이었습니다. 이렇게 볼 때, 비록 통신언어에서라 하더라도 언중은 아무 때나 이러한 두문자어를 사용하는 것이 아니라, 전달해야 하는 정보의 부담량이 비교적 적은 상황에서 사용한다는 것과, 두문자어의 주된 기능은 정보 전달의 기능이 아니라 친교적 기능이나 정서 표현적 기능 등을 주로 담당한다는 것을 알 수 있겠습니다.

이렇게 해서 통신언어에서 관찰되는 신어 중에서 주로 경제성을 위해서 사용되는 신어의 사례에 초점을 두고 공부해 보았습니다. 다음 절에서는 언어유희를 목적으로 주로 사용되는 신어에 대해서 공부해 보도록 하겠습니다.

04.
언어유희를 위한 신어의 사용

　　이번에는 통신언어에서 나타나는 신어들 중에서
도 특히 언어유희를 위해서 주로 나타나는 신어들
에 대해서 알아보도록 하겠습니다.

　　통신언어가 가지는 가장 큰 특징 중의 하나는
바로 언어유희가 매우 많다는 것입니다. 이는 다양
한 표현의 욕구를 분출하는 하나의 장으로 온라인
공간이 사용되는 경향에 기인하는 것으로 생각되
는데요. 언어 표현의 사용에 있어서도 기존에 존재
하는 언어 표현을 그대로 사용하는 것에 머무는 것
이 아니라, 새롭고 재미있는 언어 표현을 활용함으
로써 특정한 개인이나 집단의 정체성을 분출하는
데 활용하거나, 또는 놀이 문화 중 하나로 소비하
고자 하는 사용자들의 심리가 반영되는 것으로 생
각됩니다. 그렇다면 이러한 언어유희가 잘 나타나
는 언어 표현의 예시를 이번에도 역시 K-예능의 자
막을 통해서 먼저 만나보시겠습니다.

K-예능에서 신어 만나기

K-예능에서 신어 만나기

'지구오락실'이라는 예능 프로그램의 한 장면. 자막에는 뭔지 모를 정체 불명의 문자들이 나타납니다. '5래 ㄱ1ㄷr렸ㅈ1'와 같은 표현인데요. 이것은 숫자와 한글, 그리고 영문 알파벳 등이 혼합되어 있지만, 잘 보시면 '오래 기다렸지'를 나타난 것임을 알 수 있습니다. 우선 숫자 5는 한글 '오'로 소리가 나고요, 숫자 '1'은 한글 모음자 'l'와 모양이 유사합니다. 그리고 영문자 'r'은 한글 모음자 'ㅏ'와 그 모양이 비슷하지요. 이렇게 소리의 유사성이나 모양의 유사성이 기반해서 재미있는 형태로 한글을 표기한 것인데요. 이것은 문자를 가지고 하는 언어유희라는 점에서 문자 유희의 한 사례로 볼 수 있습니다.

이러한 문자 유희 중에서, 문자의 도상성을 활용한 이모티콘의 사용에 대해서도 언급할 필요가 있겠는데요. 우리가 지난 시간에 봤던 예능 프로그램에 나온 사례 중에서 'ㅠㅠ'가 있었지요. 이 'ㅠㅠ'는 우는 표정을 나타내는데요, 이것이 바로 문자의 도상성을 활용한 이모티콘화에 해당되는 적절한 예시가 될 수 있습니다. 이 모양을 잘 보시면 마치 눈에서 눈물이 주륵주륵 흘러내리는 것과 비슷한 모양이지요? 통신언어에서는 이러한 문자 이모티콘을 활용해서 화자의 감정을 전달하는 방식의 언어 사용이 매우 흔하게 발생합니다.

다음으로 살펴볼 것은 한글의 형태적 변이(variation)를 활용한, 이른바 '야민정음'이라고 불리는 단어들인데요. 여기 이 단어들이 여기에 해당되는 단어들입니다.

> **예** 가. 네넴띤(←비빔면), 댕댕이(←멍멍이), 띵작(←명작), 세종머앟
> (←세종대왕), 커엽다(←귀엽다), 팡주팡역시(←광주광역시)
> 나. 곤뇽(←육군), 곰국(←논문), 롬곡옾눞(←폭풍눈물), 표
> 믕룜(←물음표)
> 다. 뙇(←돌돔), 쀼(←부부), 꿃밥(←굴국밥)

(가)는 기존 단어와 글자 모양이 비슷한 새로운 단어로 표현하는 방식이고, (나)는 기존 단어의 글자를 상하 반전한 것입니다. 그리고 (다)는 기존 단어에서 2음절에 해당하는 부분을 1음절로 합쳐낸 결과이고요. 이러한 신어들은 문자 차원에서의 유사성을 활용하여 이루어졌다는 점에서 문자유희의 일종으로 볼 수 있습니다. 그리고 바로 이처럼 문자를 활용한 언어유희라는 점을 볼 때 문자를 활용하여 의사소통이 이루어지는 장(場)인 온라인 커뮤니티나 소셜미디어, 온라인 메신저 등의 공간에서 주로 활발하게 사용되는 신어들로서의 특성을 아주 잘 보여주는 것입니다.

그렇다면 이제까지 살펴본 사례들, 즉 문자 형태를 활용한 신어들은 도대체 왜 사용되는 것일까요? 이것은 말 그대로 '놀이 문화'의 일종으로 설명해야 가장 적절할 것으로 생각됩니다. 왜냐하면 이러한 신어들은 간결하지도 않고, 의사소통성이 더 높지도 않기 때문입니다.

이러한 신어들은 기존의 단어들의 형태를 그것과 유사한 다른 형태를 동원하여 흉내낸 것이라고 볼 수 있는데요, 기존의 원형이 되는 단어들에 비해서 더 음절수가 짧은 것도 아니고 타이핑 등의 행위에 드는 노력이나 인지적인 부담이 더 경감되는 것도 아닙니다. 오

히려 반대로 원래 문자의 형태와 매칭해서 이 단어가 의미하는 바가 무엇인지를 알아맞히어야 하기 때문에 바로바로 인식하기가 어렵고요. 그에 따라 의미 해석에 들어가는 인지적인 부담이 더욱 높아질 수밖에 없습니다.

또한 이러한 형태의 단어들을 사용한다고 해서 기존에 존재하던 원래 형태의 단어들이 가리키는 의미와 달라진 새로운 의미를 나타내는 것도 아니라는 점을 볼 때, 의미 전달의 측면에서도 이러한 신어들을 사용해야만 하는 특별한 동기는 발견하기가 어렵습니다.

의사소통의 명료성 측면에서 볼 때에도 오히려 이러한 표현을 사용하는 것에는 장점이 있다고 보기가 어려운데요. 이 단어들의 해독 원리를 알지 못하는 사람들에게는 그 의미가 전혀 전달되지 못하기 때문에 이러한 표현을 사용하는 것은 송신자와 수신자 사이에 의사소통의 장벽으로 기능할 가능성도 분명히 있기 때문입니다.

따라서 우리는 이러한 신어들의 활용 동기는 다른 무엇도 아닌 언어유희에 있다고 결론을 내리게 됩니다. 앞서 언급한 것처럼 온라인 공간은 다양한 표현의 욕구를 분출하는 하나의 장으로 존재한다는 점을 볼 때, 새롭고 재미있는 언어 표현이 등장하고 유통되기에 매우 적합한 공간인 것이지요.

이렇게 해서 통신언어에 주로 나타나는 신어에 대해서 공부를 마쳤습니다. 이제까지 신어의 형성 기제나 주된 사용역 등에 초점을 맞추어서 여러 유형의 신어들을 공부해 보았는데요. 다음 장에서부터는 관점을 바꾸어서, 의미 유형에 따라서 신어들을 묶어서 공부해 보기로 하겠습니다.

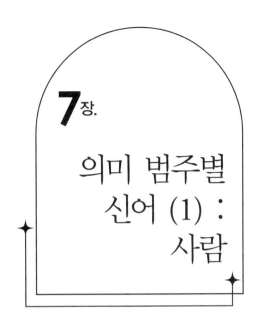

7장.

의미 범주별
신어 (1) :
사람

7장.

의미 범주별 신어 (1) : 사람

01.

사람 의미 범주 개관

이번 장에서부터는 신어들을 그 의미 범주에 따라서 나누어서 공부해 보려고 합니다. 그중에서 첫 번째로, 사람 의미 범주에 속하는 신어들, 즉 어떠한 사람을 나타내는 신어들에 대해서 배워 보겠습니다.

왜 하필이면 사람 의미 범주일까요? 그 이유는, 사람을 나타내는 단어들은 신어 가운데 가장 많은 수를 차지하고 있기 때문입니다(남길임 외, 2015:41). 국립국어원에서는 해마다 새로 나타난 신어를 조

K-예능과 새로운 우리말

사하고 있는데요, 그동안 나온 신어 조사 보고서를 종합하여 분석해 보면 그중에 가장 많은 단어들이 바로 사람을 나타내는 단어였다고 합니다.

이렇게 어떠한 사람을 나타내는 의미의 신어들은 꾸준히 아주 활발하게 만들어지고 있는데요. 그 이유는 바로 사회와 문화를 구성하고 생산하는 주체는 사람이고 또한 신어를 만들어 쓰는 주체 역시 사람이기 때문입니다. 언중의 일차적 관심은 바로 사람이며, 신어 형성에 관여하는 모든 사회적·문화적 현상들은 사람이 그 주체가 되기 때문에, 이렇게 사람을 나타내는 단어들이 계속해서 새롭게 만들어지게 되는 것입니다. 따라서 사람 의미 범주에 속하는 신어들을 공부함으로써 우리는 결국에는 그 사회적·문화적 맥락 속에서 주목받는 사람들에 대해서 알 수 있게 되는 것입니다.

그러면, 이러한 사람 의미 범주에 속하는 신어들에는 어떤 것들이 있을까요? 사실 뭉뚱그려서 사람 의미 범주라고 하였지만, 그 안에는 또다시 여러 세부 유형들이 설정될 수 있습니다.

첫 번째는 사람의 일부분이죠, 바로 신체를 나타내는 단어들입니다. 우리가 이미 배운 단어 중에도 여기에 속하는 단어가 있는데요, 바로 '똥손'이지요. 손을 주로 써서 하는 어떤 일을 잘 못할 때 그 사람의 손은 똥손이라고 표현할 수 있는데요, 똥손이라는 단어는 손 그 자체를 가리키기도 하지만 그러한 손을 가진 사람, 즉 손으로 하는 일에 재주가 없는 사람을 가리킬 수도 있습니다. '내 손은 똥손이야'라고 할 수도 있지만 '나는 똥손이야'라고 할 수도 있는 것이지요. 이와 반대되는 말로는 '금손'이 있는데요, '금'이라고 하면 무척 가치가 높은 금속이지요. 손으로 하는 일에 재주가 있는 사람의 손, 혹은 그러한 재주를 가진 사람을 가리켜서 '금손'이라는 말을 쓸 수 있습니다.

두 번째 유형은 사람의 내면, 즉 감정이나 정서를 나타내는 단어들입니다. 앞서서 공부했던 단어 중에서 '핵당황' 같은 것이 여기에 포함될 수 있겠는데요. 그 밖에도 사람의 다양한 감정이나 심리 상태를 세세하게 표현하거나 강조해서 표현하는 데 사용되는 재미있는 신어들이 많이 있습니다. 이러한 감정 표현 신어들은 특히 예능 프로그램이나 소셜미디어 같은 통신언어 등에서 많이 관찰되는 유형이기도 한데요, 그 말은 우리가 일상적인 생활 속에서 많이 접하고 또 많이 사용할 수 있는 단어들이 많이 있다는 뜻이겠지요.

세 번째 유형은 사람의 성격이나 성향, 또는 태도를 나타내는 의미를 가지는 신어들입니다. 앞에서 배웠던 신어 중에서 여기에 해당되는 단어로는 '냄비'를 들 수 있겠는데요. 어떤 이슈에 매우 빨리 반응하고 뜨겁게 몰입했다가도, 시간이 조금만 지나면 언제 그런 이슈가 있었냐는 듯이 금방 잊어버리고 관심이 사라져 버리는 성향을 나타낼 때 쓸 수 있는 말이었지요.

사람 의미 범주에 속하는 신어의 세부 유형에 대해서 설명하고 있는데요, 마지막 네 번째 유형은 바로 사람의 능력 및 용모를 나타내는 단어들입니다. 한국 문화권의 특징 중 하나로 많이 언급되는 것이, 바로 사람의 용모에 대한 언급이 비교적 잘 받아들여진다는 것인데요. 신어 중에도 사람의 용모를 표현할 때 사용되는 단어들이 많이 나타난다는 점에도 이러한 문화적 특징이 잘 반영되어 있는 것 같습니다. 용모뿐만 아니라 어떤 사람의 능력에 대해서 묘사하거나 설명할 때 필요한 단어들 중에도 신어가 많이 등장하고 있는데요. 우리가 배웠던 단어 중에는 '음색 깡패, 음원 깡패, 비주얼 깡패' 등과 같은 깡패 시리즈 단어들 역시 여기에 해당되는 예시가 될 수 있겠습니다.

이렇게 해서 의미 범주별 신어 중에서도 사람을 나타내는 신어들에 대해서 도입을 해 보았습니다. 사람을 나타내는 신어가 왜 중요한지 설명해 드렸고, 사람 의미 범주에 속하는 신어들을 다시 세부 유형에 따라서 신체를 나타내는 신어, 감정을 나타내는 신어, 성격 성형 및 태도를 나타내는 신어, 그리고 능력이나 용모를 나타내는 신어 등으로 구분해 보았습니다. 이러한 세부 유형별 신어에 대해서는 이후 이어지는 수업에서 하나씩 더 자세히 알아보도록 하겠습니다.

02.
신체를 나타내는 신어

이번에는 사람을 나타내는 신어들 중에서 첫 번째 세부 유형으로, 신체를 나타내는 신어에 대해서 알아보려고 합니다. 우선은 예능 프로그램을 통해서 신체를 나타내는 신어의 사례를 한번 알아보겠습니다.

K-예능에서 신어 만나기

'지구오락실'이라는 예능 프로그램의 한 장면. 가위바위보 게임을 하면서 출연자가 질 때마다 출연자들이 마실 맥주를 하나씩 빼는 벌칙을 주는 상황입니다. 게임에서 져서 맥주를 빼앗기게 된 출연자들이 투덜거리자 남자 피디가 위로하는 말을 하는데요, '그래도 알쓰가 2명이나 있으니까'라고 하지요. 이때 '알쓰'라는 말이 바로 신체를 나타내는 신어 중 하나인데요, '알코올 쓰레기'를 줄인 말로 술이 잘 받지 않아서 약간의 술도 마시지 못하는 몸, 또는 그런 몸을 가진 사람을 일컫는 말입니다.

'알쓰'는 사실 신체의 어떠한 특징을 나타내는 의미인데요, 신체를 나타내는 신어는 보통 이와 달리 신체의 특정한 부위에 대해 한정해서 그 부위의 생김새나 특징을 묘사하는 단어들이 많습니다. 우선 얼굴 부위의 생김새나 특징을 묘사할 때 쓰는 말로 '쌩얼', '무쌍', '막귀' 등을 들 수 있습니다. '쌩얼'은 화장을 하지 않은 맨얼굴을 뜻하는 단어로 굉장히 빈번하게 사용되는 단어인데요. "나 오늘 쌩얼이니까 사진은 찍지 말자."라든가, "나는 쌩얼도 자신 있어."라는 식으로 쓸 수 있습니다. 이 단어는 날 것 그대로를 뜻할 때 주로 쓰이는 한자어 접두사 '생'을 경음화하여 만든 '쌩'에다가 '얼굴'을 절단한 '얼'을 붙여서 만든 것입니다.

'무쌍'의 경우 '쌍꺼풀이 없는 눈, 또는 그런 눈을 가진 사람'을 일컫는 단어입니다. "무쌍에 맞는 화장법이 따로 있는 것 같아요."라든가 "나는 진한 쌍꺼풀이 있는 눈보다는 무쌍을 좋아한다."라는 식으로 쓸 수 있습니다.

그리고 '막귀'는 조금 다른데요. 쌩얼이나 무쌍의 경우 신체 부위의 시각적인 면에 초점을 맞추어 사용하는 말이지만 '막귀'의 경우 귀의 어떠한 생김새와는 관련이 없고 귀로 하는 행위, 그중에서도 음악을 듣는 일에 의미적 초점이 있는 말입니다. 즉 '막귀'는 음악적 취향이 고귀하거나 까다롭지 않아서 아무 음악이나 가리지 않고 듣거나 음악의 퀄리티에 대한 감각이 떨어지는 사람을 가리키는데요. '거친, 품질이 낮은', 또는 '닥치는 대로 하는'의 뜻을 나타내는 접두사 '막'에다가 '귀'를 붙여서 만든 파생어입니다.

이렇게 얼굴 부위를 나타내는 신체 관련 신어에 대해서 살펴보았는데요, 얼굴 이외의 부위를 나타내는 신어도 있습니다. 우리 수업에서는 '꿀성대', '초콜릿복근'에 대해서 소개해 보려고 합니다.

우선 꿀성대의 '꿀'은 우리가 이미 앞서서 공부했던 기억이 나시지요? 의미적 신어의 사례로 무척 좋은 것을 나타내는 말로 소개한 적이 있는데요. 여기에서도 마찬가지로 '꿀성대'라고 하면 무척 좋은 성대, 즉 무척 좋은 음색을 만들어내는 성대를 나타냅니다. 성대라고 하면 목소리를 만들어내는 데 관여하는 신체 기관이니까, 꿀성대를 가진 사람은 무척 목소리가 좋은 사람을 나타낼 수 있겠지요.

다음으로 '초콜릿복근'이라는 말도 있는데요. 이 말은 여섯 조각으로 두드러져 보이는 배의 근육을 비유적으로 이르는 말입니다. 특히 운동을 무척 많이 하신 분들이 이런 복근을 가지신 경우가 많은데요. 쩍쩍 갈라진 근육 모양이 마치 판초콜릿의 조각난 모양 같다고 해서 붙여진 이름입니다.

이렇게 여러 가지 신체 부위를 나타내는 신어들에 대해서 공부해 보았는데요. 이처럼 신체 부위를 나타내는 단어들은 그 신체 부위의 특정한 생김새나 특징 자체를 나타낼 수도 있지만, 그러한 특성을 가지는 신체를 가진 사람을 나타낼 수도 있습니다. 이러한 의미적 작용을 '환유'라고 하는데요. 어떤 단어를 가져다가 그 단어와 의미적으로 인접해 있는 다른 것을 가리킬 수 있게 되는 것입니다. 예를 들어 어떤 사람이 빨간 모자를 쓰고 있을 때, "저 빨간 모자가 내 친구야."라고 말할 수 있지요? 이때 '빨간 모자'를 통해서 '빨간 모자를 쓴 사람'을 지시할 수 있는 것입니다. 이러한 언어학적인 현상을 비유 중의 하나인 환유로 설명합니다.

이러한 현상으로 인해서 우리가 배운 '무쌍'은 그러한 눈 자체를 가리킬 뿐만 아니라 그러한 눈을 가진 사람을 나타낼 수도 있는 것입니다. 이렇게 어떠한 사람의 신체적인 특징이나 외형적인 특징을 나타내는 말을 가지고 그러한 특징을 가진 사람, 혹은 그러한 신체를 가진 사람 자체를 지시하는 것은 매우 일반적으로 관찰할 수 있는 현상이기 때문에, 앞으로 배울 사람 관련 신어 전반에 대체로 적용이 가능한 현상이라고 이해하셔도 좋겠습니다.

이번 강의에서는 이렇게 신체와 관련된 의미를 나타내는 신어들을 모아서 배워 보았는데요. 이렇게 의미를 기준으로 모으다 보니까, 여기에는 합성어나 파생어, 절단어, 축약어가 다 들어 있었습니다. 이번에 배우신 신어들을 이러한 형태론적인 기준에 따라서 다시 한 번 분류해 보는 것도 재미있을 것 같네요.

03.
감정을 나타내는 신어

앞에서는 사람의 신체 기관과 관련되는 의미를 가진 신어들의 사례를 배웠습니다. 이번 강의에서는 감정을 나타내는 단어들에 대해서 알아보도록 하겠습니다.

여러분은 우리가 앞서 통신언어에서 주로 나타나는 신어들의 사례를 공부할 때 예시로 들었던 단어들 중에도 화자의 감정을 나타내는 단어들이 상당히 많이 있었던 것을 기억하실 것 같습니다. 'ㅎㄷㄷ'이나 'ㅉㅉ' 같은 단어들로 화자의 감정을 간단하면서도 효과적으로 전달하고자 하는 욕구에서 이러한 단어들이 나타나는 것일 텐데요. 우리가 느끼는 다양한 감정을 효과적으로 전달하고 싶어하는 이러한 화자의 욕구는 비단 통신언어에서뿐만 아니라 다양한 언어 사용 상황에도 동일하게 적용될 수 있습니다. 따라서 신어 중에서도 감정을 나타내는 의미와 관련되는 단어들이 무척 많이 발견되는데요.

우선은 예능 프로그램을 통해서 그 사례를 함께 만나 보시겠습니다.

K-예능에서 신어 만나기

'지구오락실'이라는 예능 프로그램의 한 장면. 출연자는 절구와 절구방망이라는 물건을 찾고 있는데요. 아무리 여기저기를 뒤져봐도 찾는 물건이 나오지 않는 상황입니다. 이 출연자의 감정을 대신해서 표현해 주는 자막이 등장했는데, 바로 '멘붕'이라는 단어입니다. 이 멘붕은 '멘털 붕괴'의 축약어로, 멘털 붕괴란 정신적으로 충격을 받아 정상적인 생각을 할 수 없는 상태를 나타내는 말입니다.

'멘붕'이란 너무 큰 충격을 받은 나머지 심지어 멘털(mental), 즉 정신이 붕괴된 것과 같은 상태라는 것인데요, 과장을 통해서 최대한의 표현 효과를 얻기 위해 만들어진 말입니다.

이처럼 감정 상태를 나타내는 말 중에는 특히 그 감정 상태를 과장하거나 강조함으로써 최대한의 표현 효과를 얻고자 하는 욕구와 관련된 신어들이 많이 있습니다. 몇 가지 단어의 예시를 조금 더 소개해 드리겠는데요. 바로 이 단어들입니다.

> **예** 극혐, 극호, 맴찢, 폭풍눈물, 선택장애

우선 '극혐'과 '극호'는 둘 다 한자어를 기반으로 해서 형성된 단어들로 서로 반대되는 의미인데요, 각각 '매우 심하게 싫어하고 미워함'

191

과 '매우 심하게 좋아함'을 나타내는 단어입니다. '극'이라는 단어는 원래 어떤 정도가 더할 수 없을 만큼 막다른 지경을 나타내는 것인데요, 이렇게 끝을 나타내는 단어를 '혐'과 '호'에 붙임으로써 무엇인가 취향에 맞지 않는 것이나 취향에 딱 맞는 것을 과장해서 표현하게 되는 것입니다.

다음으로 '맴찢'는 '마음이 찢어짐'에서 온 것으로, 매우 속상하거나 슬픈 상황을 나타내는 단어입니다. 마음이 찢어지는 것처럼 느껴질 정도의 매우 큰 아픔을 나타내는 것이니까 이 단어도 역시 슬픔이나 안타까움의 감정을 크게 과장하고 강조해서 나타내는 말입니다.

'폭풍눈물'이나 '선택장애'도 과장된 표현의 사례로 들 수 있는데요. '폭풍눈물'은 느닷없이 격렬하게 쏟아내는 눈물을 나타내는데, 눈물이 펑펑 쏟아지는 모습을 폭풍 때 오는 강한 비에 빗대어서 과장해서 표현한 것입니다. '선택장애'라는 말은 선택을 해야 할 때에 망설이기만 하고 어느 것도 선택하지 못하는 일을 나타내는 말입니다. 오늘 점심 메뉴는 뭘 먹을지, 후식으로는 커피를 마실지 아이스크림을 먹을지 등과 같이 사실은 아주 사소한 일을 선택하지 못하는 상황에서 쓰는 말인데요. 이러한 사소한 선택에 대해서 '장애'라는 말을 붙임으로써 과장해서 표현하고 있습니다.

감정을 나타내는 신어들 중에서 감정을 과장하거나 강조해서 표현하는 단어들의 사례를 알아보았는데요. 이번에는 특정한 감정 상태가 불러일으키는 신체적인 반응이나 행동 반응에 대한 묘사를 통해서 감정 상태를 나타내는 단어들을 소개해 보겠습니다. 우리가 어떤 감정을 가지게 되면 거기에 수반되는 특정한 신체적 반응이나 행

K-예능과 새로운 우리말

동적 반응을 보이게 되는 경우가 있는데요, 이러한 것을 나타냄으로서 간접적으로 그 감정을 대신해서 나타내는 단어들이 여기에 속합니다. 그 구체적인 사례를 우선 예능 프로그램을 통해서 함께 만나 보시겠습니다.

K-예능에서 신어 만나기

'신서유기 5'의 한 장면. 출연자들이 돌아가면서 나라 이름 대기 게임을 하고 있는데요, 한 출연자가 이미 앞서 다른 출연자가 댔던 나라 이름을 다시 대는 실수를 하게 됩니다. 그러자 이에 놀란 다른 출연자가 자신의 손으로 입을 틀어막고 있는 모습을 볼 수 있는데요. 이때 등장하는 자막이 바로 '입틀막'입니다.

이 '입틀막'은 너무 놀라서 자기도 모르게 벌어진 입을 손으로 막는 행동을 나타내는 문장 '입을 틀어막다'를 줄여서 만든 축약어로, 매우 놀란 감정을 나타내는 말입니다. 이렇게 우리가 어떠한 감정을 느끼면 그 반응으로 특정한 행동이나 신체 반응이 나타나게 되는 경우가 있는데요. 이러한 것을 토대로 하여 만들어진 신어 중에는 방금 말씀드린 '입틀막' 외에도 '심쿵, 안습, 동공지진' 같은 것들이 더 있습니다.

먼저 '심쿵'은 '심장이 쿵하다'에서 온 말로 어떤 일이나 대상을 보고 심장이 쿵하고 내려앉을 정도로 놀라거나 설레는 것을 나타냅니다. 특히 좋아하는 사람을 만났을 때 설레는 감정을 표현할 때 이 단어가 많이 사용되는데요, 케이팝 노래 제목이나 가사 중에도 '심쿵해'라는 말이 등장하기도 합니다.

다음으로 '안습'이라는 단어도 있는데요. 이 단어는 한 개그맨이 유행시킨 표현 중에 '안구에 습기차다'라는 말에 기원을 두고 있는 축약어입니다. 눈에 눈물이 고이는 것을 재미있게 표현한 것인데요. 눈물이 고일 만한 감정으로는 안타까움이나 슬픔 같은 감정이 있겠지요. 이러한 감정에 대해서 이 표현을 쓸 수가 있습니다.

감정에 동반되는 신체적인 반응에 기반을 두고 만들어진 신어, 또 한 가지 예시는 바로 '동공지진'입니다. 이 말은 당황하여 눈동자가 흔들리는 모습을 지진에 비유하여 이르는 말인데요. 눈동자가 흔들리는 모습을 마치 지진이 난 것처럼 표현하는 것이기 때문에 과장법의 일종으로 볼 수도 있겠습니다.

지금까지 소개해 드린 단어들은 모두 명사였죠? 그런데 감정을 나타내는 단어들 중에는 형용사들도 많이 있습니다. 기존 단어들을 살펴보아도 '슬프다, 기쁘다' 같은 단어들은 모두 심리를 나타내는 형용사, 즉 심리형용사들인데요. 이러한 심리형용사 중에도 신어가 있습니다. 우리 수업에서 소개해 드릴 단어는 '웃프다'와 '벙찌다'가 있습니다.

우선 '웃프다'는 '웃기다'와 '슬프다'가 합쳐진 말로 웃기면서 동시에 슬픈 감정을 나타냅니다. 예를 들어 어떤 사람이 매우 우스꽝스러운 동작으로 넘어지는 장면을 여러분이 목격했다면, 그때 여러분의 감정이 어떨까요? 그 사람이 넘어진 일 자체는 불행한 일이니까 슬프면서도 넘어지는 모습이 우스꽝스러웠기 때문에 한 편으로는 웃기기

K-예능과 새로운 우리말

도 하겠지요. 이렇게 웃기면서도 슬픈 감정이 동시에 느껴질 때 '웃프다'라는 말을 쓸 수 있습니다. 심리형용사 중에 신어로 '벙찌다'라는 말도 있는데요. 이 단어는 당황스럽거나 황당하여 얼빠진 사람처럼 멍해진다는 뜻으로, 황당한 기분을 묘사할 때 자주 쓰입니다.

이렇게 해서 이번에는 사람 의미 범주에 속하는 신어들 중에서도 감정과 관련된 단어들에 대해서 공부해 보았습니다. 다음에는 이어서 사람의 성격이나 성향, 그리고 태도를 나타내는 신어들을 만나 보도록 하겠습니다.

04.
성격·성향 및 태도를 나타내는 신어

이번 장에서는 계속해서 사람 의미 범주에 속하는 신어들을 살펴보고 있습니다. 신체를 나타내는 단어들에 이어서 감정을 나타내는 단어들을 알아보았지요? 이번에는 거기에 이어서 사람의 성격이나 성향, 그리고 태도를 나타내는 단어들을 공부해 보려고 합니다.

그럼 이번에도 먼저 예능 프로그램의 한 장면을 통해서 신어를 만나보시겠습니다.

K-예능에서 신어 만나기

'유퀴즈온더블럭'이라는 토크쇼 형식의 예능 프로그램의 한 장면. 성시경이라는 가수가 출연한 장면입니다. 엔지니어에게 부탁 하나를 하기 위해서는 칭찬을 열 가지는 해야 된다고 말하고 있는데, 이때 자막에 '칭찬봇'이라는 글자가 나타납니다. 칭찬을 마치 로봇처럼 하는 사람이라는 뜻으로 만들어진 말입니다.

그렇다면 무엇인가를 로봇처럼 한다는 것은 무

엇일까요? 로봇은 스스로 어떤 것을 생각하거나 판단하고 결정해서 행동하는 것이 아니라 입력값이 주어지면 자동으로 그 행동을 하지요? 마치 그러한 로봇처럼 어떠한 행동을 자동으로 반복적으로 많이 하는 사람을 나타낼 때 이러한 '봇(bot)'을 붙여서 다양한 신어를 만들어 쓸 수 있습니다. '칭찬봇'뿐만 아니라 '인사봇, 리액션봇' 같은 단어들이 있습니다. 인사나 리액션을 기계적으로 하는 사람을 일컬어서 각각 '인사봇', 그리고 '리액션봇'과 같이 부를 수 있습니다.

칭찬을 매우 자주, 습관적으로 하는 성향을 가진 사람을 가리켜서 '칭찬봇'이라고 한다는 말씀을 드렸는데요. 이처럼 사람의 어떤 성향이나 성격을 나타내는 단어들 역시 사람과 관련된 의미 범주에 속하는 신어들 중에서 많이 찾아볼 수 있습니다. 몇 가지 단어를 더 소개해 보겠습니다.

> **예** 관종, 흥부자, 유리멘탈, 프로불편러

우선 '관종'은 '관심 종자'에서 온 말인데, 이 '관심 종자' 자체도 신어입니다. 일부러 특이한 행동을 하여 다른 사람들에게 관심을 받는 것을 즐기는 사람을 속되게 이르는 말인데요. 특히 개인 미디어 플랫폼이 발달하면서 누구라도 많은 사람들의 관심의 대상이 될 수 있는 환경이 조성되면서 이러한 '관종'들이 활발하게 활동할 수 있는 기반 환경이 마련되었고, 그 시점부터 이 '관종'이라는 신어가 활발히 사용되기 시작한 것으로 보입니다.

다음으로 '흥부자'라는 말이 있습니다. 이 말은 '흥'이라는 말과 '부자'라는 말이 합쳐져서 만들어진 새로운 합성어인데요. 흥이 많은 사람을 일컫는 말입니다. '흥'이란, 재미나 즐거움을 일어나게 하는 감정으로, 주로 신나는 음악을 듣거나 춤을 추거나 와자지껄한 분위기에서 술을 마시거나 할 때 느껴지는 감정을 나타낼 때 이 단어가 많이 쓰입니다. 원래 이 '부자'라는 말은 돈이 많은 사람을 나타내는 말이었는데요, 이 말의 의미가 확장되면서 무엇이 많은 사람을 두루두루 나타내는 경우가 많아졌습니다. 흥이 많은 사람을 '흥부자'라고 하고 열정이 많은 사람을 '열정부자'라고 하는 것처럼 말이지요.

다음으로 알아볼 단어는 '유리멘털'입니다. 유리멘털은 유리처럼 깨지기 쉬운 멘털이라는 뜻으로, 대범하지 못한 성격을 비유적으로 이르는 말입니다. 유리멘털이라는 말은 쉽게 긴장하거나 상처를 잘 받거나 잘 삐치는 등의 성격을 가진 사람들을 가리키는 경우가 많은데요. 이 유리멘털과 반대되는 의미를 나타내는 신어도 있습니다. 바로 '강철멘털'인데요. 이 강철멘털의 '강철'은 유리멘털의 '유리'와는 외부의 충격에도 반대로 쉽게 깨지지 않고 잘 견디는 특징이 있지요. 이러한 강철의 특성을 성격에 비유해서 '강철멘털'이라는 말이 만들어진 것입니다. 즉 강철처럼 강한 멘털이라는 뜻으로, 대범하고 굳센 성격이나 정신력을 비유적으로 이르는 말이 곧 '강철멘털'입니다.

또 추가로 살펴볼 단어는 바로 '프로불편러'입니다. 이 말은 영어 'professional'에서 온 '프로'에 '불편하다'의 어근인 '불편', 그리고 영어에서 차용되어 접미사화가 이루어지고 있는 '-러'가 붙어서 형성된 말로 매우 특이한 구성을 보여주고 있는데요, 매사에 불편함을 그대

K-예능과 새로운 우리말

로 드러내어 주위 사람의 공감을 얻으려는 사람을 나타내는 말입니다. 그런데 프로불편러에 재료 중 하나인 '러'는 굉장히 특이한데요. 이것은 도대체 정체가 무엇일까요? 이 '러'는 영어에서 어떤 사람을 나타내는 접미사인 '-er(어)'에서 온 것으로 생각되는데요, 일부 학자들은 '러'의 자음 /l/는 '어'가 고빈도로 사용되는 지명인 '서울'과 결합하면서 '서울'의 받침 'ㄹ'의 영향을 받아서 형성된 것이라고 주장한 바 있습니다. 이렇게 형성된 '러'가 한국어 신어 형성에 활발히 참여하게 되면서 한국어 단어 체계 내에서 어떤 일을 하는 사람을 나타내는 용법으로 확장되게 된 것으로 볼 수 있겠는데요. '프로불편러' 외에도 '출퇴근러', '통근러', '통학러', '자취러', '지방러', '악플러' 등에서 그 예시를 볼 수 있습니다.

지금까지 예로 들어드린 신어들은 모두 명사였는데요, 이렇게 사람의 성격이나 태도를 나타내는 단어들이 모두 명사인 것은 물론 아닙니다. 형용사 중에도 이러한 의미 범주에 속하는 신어들을 찾아볼 수 있는데요, '스윗하다', '순둥순둥하다' 등을 그 예로 들 수 있겠습니다. '스윗하다'는 영어 'sweet'를 차용한 뒤 접미사 '-하다'를 붙여 만들어진 것으로 매우 자상하고 세심하다는 것을 나타내는 말이고요. '순둥순둥하다'는 기존에 있던 단어인 '순하다'를 변형시킨 것으로, 성격이나 태도가 까다롭거나 모가 나지 않고 매우 원만하다는 것을 나타내는 말입니다.

이렇게 해서 이번 강의에서는 사람과 관련된 신어들 중에서도 사람의 성격이나 성향, 또는 태도를 나타내는 신어들에 대해서 알아보았습니다. 혹시 여기에서 배운 단어들 중에서 여러분의 성격을 잘 설명하는 단어들이 있었나요? 그런 단어를 한번 찾아보시고 스스로를 표현하는 데 직접 사용해 보시는 것도 재미있을 것 같습니다.

05.
능력 및 용모를 나타내는 신어

이번 강의에서는 사람 의미 범주 중에서 마지막으로 사람의 능력이나 용모를 나타내는 신어들을 알아보도록 하겠습니다.

우선 첫 번째로는 사람의 능력을 나타내는 신어에 대해서 공부해 보겠습니다. 사람의 능력을 나타내는 신어는 말 그대로 어떤 것을 잘하거나 잘하지 못하는 사람이라는 평가의 의미를 담고 있는 단어들입니다. 우선은 이번에도 마찬가지로 K-예능 프로그램에 어떤 신어가 나왔는지 함께 보시겠습니다.

K-예능에서 신어 만나기

'어쩌다 사장'이라는 예능 프로그램의 한 장면. 이 프로그램에서 출연자들끼리 사적인 대화를 나누고 있는 장면입니다. 박보영이라는 여자 출연자가 자신의 조카에 대한 이야기를 하니까, 차태현이라는 남자 출연자가 '한참 예쁠 때지'라고 대꾸하는 장면이 있는데요, 이 장면에서 '육잘알'이라는 자막으로 설명이 붙었습니다.

'육잘알'이란 '육아를 잘 아는 사람'이라는 뜻의 신어인데요, '육아를 잘 알다'라는 구절에서 각 어절을 구성하는 두음절들을 따다 만든 형태적 신어입니다. 그런데 이때 '육아를' 부분에는 다른 많은 말들이 올 수 있겠지요. 예를 들면 '게임을 잘 알다', '맛을 잘 알다', '축구를 잘 알다' 등과 같이 말이지요. 실제로 이러한 각각의 구절들에서 온 신어들로 '잘알' 시리즈의 단어들이 있는데요. 게임을 잘 아는 사람을 가리켜 '겜잘알'이라고 하고요, 맛을 잘 아는 사람, 즉 미식가를 가리켜 '맛잘알'이라고 합니다. 그렇다면 축구를 잘 아는 사람은 뭐라고 부를까요? 당연히 '축잘알'이라고 하겠지요.

이렇게 '잘알'이 붙으면 어떤 것을 잘하는 사람을 나타내는데요, 반대로 어떤 것을 잘 알지 못하는 사람을 나타내는 신어도 있습니다. 바로 '알못' 시리즈의 단어들입니다. 예를 들어 부동산을 잘 모르는 사람을 '부알못', 게임을 잘 모르는 사람을 '겜알못', 축구를 잘 모르는 사람을 가리켜 '축알못'이라고 부릅니다. 이때 각 단어들에 공통적으로 들어가는 부분인 '알못'은 '알지 못하다'에서 온 축약어입니다. 이 '알못'은 '부알못', '겜알못', '축알못' 등과 같이 다른 단어들과 어울려 합성어를 이룰 수 있을 뿐만 아니라 그것 단독으로도 신어로 사용될 수 있는데요. 예를 들어 '내가 이 분야는 알못이야. 네가 많이 가르쳐 줘.'처럼 쓸 수도 있습니다.

무엇을 잘 아는 사람에 대해서 '잘알'을 붙여서 쓰고, 반대로 잘 모르는 사람에 대해서 '알못'을 붙여서 쓰는 형식으로 만들어진 단어들에 대해서 말씀드렸는데요. 이와 유사하게 무엇에 있어서 초보적인 수준의 능력만 갖추고 있는 사람들이나 어떤 분야의 입문자들을

K-예능과 새로운 우리말

가리킬 때는 '린이'라는 말을 붙여서 쓰기도 합니다. 예를 들어 '요린이'라는 말이 있는데요. 이 말은 '요리'와 '어린이'가 합쳐져서 만들어진 혼성어로 요리 실력이 마치 어린이처럼 초보적인 수준인 사람을 뜻합니다. 그 밖에도 부동산 투자에 이제 막 입문한 사람들을 '부린이', 주식 투자에 이제 막 입문한 초보자들을 '주린이'라고 부르기도 합니다.

이렇게 축약이나 절단 등의 형태론적인 과정을 거쳐서 만들어진 언어 재료가 다른 말들에 붙어서 계속해서 새로운 단어들을 만들어 내는 경우가 있는데요, 이러한 언어 재료들 중에는 '알못'이나 '잘알', '린이' 등과 같이 여러 단어들을 형성하는 재료가 되는 경우가 있는가 하면 그렇게 다양하게 활용되지는 않는 것들도 있습니다. 우리가 살펴본 '알못, 잘알, 린이'처럼 다양한 단어들을 형성하는 데 활용되는 것들에 대해서는 '생산성이 높다'고 평가하는데요. 전통적으로 어떠한 유형의 사람을 나타내는 신어를 만들어내는 데 있어서 높은 생산성을 가지고 활발히 활용되던 접미사로는 '남'과 '녀'가 있습니다.

특히 이렇게 '남'과 '녀'가 붙은 말 중에는 사람의 용모와 관련된 의미를 나타내는 단어들이 많이 있는데요. 이렇게 사람의 용모를 나타내는 단어들의 예시로는 다음과 같은 단어들이 있습니다.

예 훈남, 훈녀

예 흔남, 흔녀

예 차도남, 차도녀

예 만찢남, 만찢녀

우선 '훈남'과 '훈녀'는 '훈훈한 남자'와 '훈훈한 여자'에서 온 것인데요, 이때 '훈훈하다'라는 것은 원래 날씨나 온도가 포근하게 느껴질 만큼 따뜻하고 좋다는 뜻을 가지고 있는 단어인데, '외모가 훈훈하다'라는 표현이 많이 사용되게 되면서 외모가 매력이 있어서 보는 사람의 기분을 좋게 한다는 새로운 의미로 사용되게 되었습니다. '훈훈하다' 자체만 보면 의미적 신어라고 할 수 있겠지요. 따라서 '훈남'과 '훈녀'는 외모가 상당히 매력적인 남자와 여자를 나타낸다고 할 수 있겠습니다.

　이렇게 '훈남'과 '훈녀'라는 신어가 유행하게 되면서 그 이후에 이와 발음이 비슷한 '흔남'과 '흔녀'라는 말도 등장하게 되었습니다. '흔남'은 '흔한 남자', '흔녀'는 '흔한 여자'를 줄여 이르는 말인데요. 외모가 딱히 돋보이지는 않는, 평범한 외모를 가진 남자와 여자를 가리키는 말입니다. '훈남'과 '훈녀'의 '훈'과 발음이 비슷한 '흔'을 활용하였다는 점에서 '훈남'과 '흔남'을 대비시키고 '훈녀'와 '흔녀'를 대비시켜 표현하고자 하는 언중이 고안해 낸 일종의 언어유희가 담겨 있는 단어들이라고 볼 수 있겠습니다.

　이렇게 '남'과 '녀'가 붙은 말 중에 또 '차도남'과 '차도녀'도 있습니다. '차도남'은 '차가운 도시 남자'를 줄인 것으로 자신만만하고 쌀쌀맞은 분위기를 지닌 세련된 남자를 가리키는 말입니다. 이와 비슷하게 차도녀는 차가운 도시 여자를 나타내는 말로, 도도하고 쌀쌀맞은 분위기를 풍기는 세련된 여자를 나타냅니다.

　'남'과 '녀'가 붙은 단어 중에서 용모와 관련된 의미를 나타내는 또 다른 사례로는 '만찢남'과 '만찢녀'를 들 수 있습니다. '만찢남'은

'만화를 찢고 나온 남자'를 뜻하고 '만찢녀'는 마찬가지로 '만화를 찢고 나온 여자'를 뜻하는 말인데요. 진짜로 만화를 찢고 나온 사람이라는 뜻은 아니겠지요. 그렇다면 무슨 의미일까요?

여러분도 만화를 보신 적이 있으시겠지만, 보통 순정만화에는 매우 잘생긴 남자 주인공과 아주 아름다운 여자 주인공이 등장합니다. 여기에서 말하는 '만찢남'과 '만찢녀'는 바로 이렇게 마치 순정만화에 나오는 주인공들처럼 아름다운 용모를 가진 남자와 여자를 나타내는데요. 만화책을 찢고 현실 세계로 나온 사람이라고 해도 믿을 정도로 아주 멋지고 아름다운 용모를 가진 사람들이라는 뜻으로, 과장해서 표현하는 단어라고 볼 수 있겠습니다.

이렇게 해서 7장을 마무리하게 되었습니다. 7장에서부터는 신어를 그 의미 범주에 따라서 나누어서 구체적인 단어들을 소개하기 시작했는데요. 그 첫 번째 의미 범주로 '사람'이라는 의미 범주에 속하는 단어들, 즉 사람과 관련된 의미를 나타내는 단어들을 만나 보셨습니다. 다음 8장에서는 '일상생활'이라는 의미 범주에 속하는 신어들을 만나보도록 하겠습니다.

8장.

의미 범주별
신어 (2) :
일상생활

8장.

의미 범주별 신어 (2) : 일상생활

01.

일상생활 의미 범주 개관

    8장에서는 의미 범주별 신어의 유형 중에서 크게 두 번째로 일상생활과 관련되는 의미를 가지는 범주의 신어들을 만나보려고 합니다. 일상생활 의미 범주는 가장 폭넓은 언중에게 공통적으로 경험되는 의미 범주라는 점에서 우리가 단어의 의미를 이야기할 때 가장 높은 중요성을 가지고 있는 것으로 볼 수 있는 의미 범주 중 하나입니다.

    특정한 전문 분야는 그 분야에 대해서 전문성을 가지고 활동하는 사람들에게는 꼭 필요하지만 그렇지 않은 사람들은 경험할 일이 매우 적거나 없어서 협소한 분야에서만 높은 중요도를 갖는다는 특징이 있지만, 일상생활은 그렇지 않지요. 우리 모두는 자신만의 일상적인 생활 공간에서 의식주 생활을 하면서 삶을 살아가고 있기 때문입니다. 이렇게 대부분의 사람들에게 보편적인 경험의 장이 된다는 측면에서 일상생활 의미 범주는 신어의 측면에서 볼 때에도 매우 높은 중요도를 가지고 있다고 볼 수 있겠습니다.

그렇다면 일상생활 의미 범주에 속하는 단어들은 어떤 유형으로 나눠 볼 수 있을까요? 우리 수업에서는 '삶, 식생활, 의생활, 주생활' 등의 네 개의 유형으로 나누어서 공부하려고 합니다.

우선 '삶' 의미 범주는 삶의 상태나 일상적인 행위, 가족 관계나 가족 행사, 여가 생활 등을 나타내는 단어들을 포함합니다. 앞에서 우리가 이미 배웠던 단어 중에서는 '호캉스' 같은 단어가 여기에 속할 수 있겠는데요, 여가 생활이나 취미 생활을 나타내는 단어로 볼 수 있기 때문입니다.

다음으로는 인간이 일상적인 삶을 영위하기 위해서 꼭 필요한 세 가지 요소에 해당되는 의식주 생활과 관련된 단어들이 있습니다. 이 중에서도 가장 많은 신어가 생성되고 있는 것은 바로 식생활인데요. '한국 사람들은 먹는 것에는 진심이다.'라는 말이 있지요. '금강산도 식후경.'이라거나 '먹고 죽은 귀신이 때깔도 좋다.'라는 한국의 속담만 보아도, 한국 문화에서 식생활이 얼마나 중요하게 여겨지는지 잘 알 수 있습니다.

식생활의 의미 범주에는 세부적으로는 음식이나 음식의 재료를 나타내는 단어들, 조리 도구를 나타내는 단어들, 식생활과 관련된 장소 표현들, 맛을 나타내는 표현들, 그리고 식사나 조리와 관련된 행위를 나타내는 표현들이 있습니다. 여러분이 아마 잘 알고 계실 것 같은 신어 중에서 '치맥'이라는 단어가 있지요. 바로 '치킨과 맥주'를 아울러 이르는 말인데요. 이렇게 어떤 음식을 나타내는 단어들 중에도 많은 신어들이 확인됩니다.

다음으로 알아볼 유형은 의식주 중에 나머지 두 가지이죠. 의생활과 주생활을 나타내는 신어들입니다. 의생활과 관련된 단어의 유형에는 옷의 종류나 옷을 착용한 상태, 미용 행위를 나타내는 단어 등이 포함되고요. 주생활과 관련된 단어들에는 세부적으로는 주거 형태나 주거 구성 요소, 주거 지역을 나타내는 말들이 있습니다.

먼저 의생활에 해당되는 신어의 예시로는 '스키니진'이 있습니다. 이것은 영어 표현 'skinny jeans'를 차용해서 만들어진 신어인데요, 체형이 그대로 드러나도록 몸에 꼭 맞게 입는 바지를 나타내는 것입니다. 바지의 폭이 매우 좁은 것이 특징인데요, 이 밖에도 의복과 관련된 다양한 신어들이 있습니다.

또한 주생활과 관련된 신어 중 하나로는 이미 배웠던 단어들 중에서 '숲세권' 같은 단어의 예시를 들 수 있습니다. 숲세권은 숲이나 산이 인접해 있어 자연 친화적이고 쾌적한 환경에서 생활할 수 있는 주거 지역을 일컫는 말인데요. 그 외에도 다양한 주생활 관련 단어들이 있습니다.

지금까지 일상생활 의미 범주가 가지는 의미와 그 세부 유형에 대해서 알아보았는데요. 이러한 세부 유형별 신어, 즉 삶, 식생활, 의생

K-예능과 새로운 우리말

활, 그리고 주생활을 나타내는 의미와 관련된 신어들은 이후에 순서대로 더 자세하게 알아보도록 하겠습니다. 그리고 그 다음으로는 이렇게 일상생활 신어를 통해 알 수 있는 것들에 대해서 몇 가지 짚어보는 것으로 이번 장이 구성되어 있습니다.

02.
삶을 나타내는 신어

    8장에서는 의미 범주별 신어 중에서 일상생활 의미 범주에 속하는 신어들을 다루고 있습니다. 이번에는 그 세부 유형 중에서도 첫 번째로 바로 삶을 나타내는 신어들에 대해서 알아보려고 합니다.

    이번에도 역시 신어의 사용 사례를 예능 프로그램을 통해서 알아보도록 하겠습니다.

K-예능에서 신어 만나기

'유퀴즈온더블럭'이라는 예능 프로그램의 한 장면. 마침 길거리에서 만난 시민에게 신어와 관련된 퀴즈를 내고 있는 장면이 나옵니다. 이 장면에서 퀴즈 문제로 나온 단어가 바로 '소확행'인데요, 이 단어는 '소소하지만 확실한 행복'을 줄인 축약어로, 말 그대로 작고 사소한 일에서 느껴지는 행복을 나타내는 신어입니다.

    '소확행'이라는 신어는 삶에서 느껴지는 행복에 대한 한국 사람들의 가치관이 변화하고 있는 것을 잘 보여주는 단어라고 생각이 되는데요. 집을 산다거나 로또 1등에 당첨된다거나 자녀를 얻게 된다거나 직장에서 승진을 한다거나, 하는 것과 같은 일은 우리에게 당연히 아주 큰 행복과 기쁨을 가져다 주겠지만, 일상생활에서 자주 경험하기는 매우 어려운 일들입니다. 그러나 이러한 큰 성공이나 이벤트가 없다고 하더라도 우리가 일상 생활에서 마주치는 작고 소소한 경험들을 통해서도 행복을 느끼는 것이 가능한데요, 라디오에서 내가 평소에 좋아하던 노래가 나온다 든지, 아이스크림을 사먹었는데 너무 맛있었다든지, 퇴근 후에 맥주 한 캔 마시면서 좋아하는 예능 프로그램을 본다든지, 친구와 수다 를 떤다든지 하는 것과 같이 일상 속의 소소한 행동들을 통해서 행 복과 기쁨을 느끼는 삶을 강조하는 문화가 대두되면서 이러한 신어 가 많은 사람들에 의해서 호응을 받게 된 것 같습니다.

이렇게 삶과 관련된 신어의 사례를 예능 프로그램을 통해서 알아 보았는데요. 삶을 나타내는 신어들은 다시 더 세분화된 유형으로 나 누어 볼 수 있습니다.

첫 번째는 삶의 상태나 태도를 나타내는 유형의 단어들입니다. 방 금 설명해드렸던 단어죠, '소확행'이 여기에 속하는데요, 소소한 행복 을 누리는 삶의 상태나 태도를 나타내기 때문입니다. 이 유형에 속 하는 신어들로 다음과 같은 것들이 더 있습니다.

> **예** 워라밸, 금수저, 흙수저

먼저 워라밸은 예전에도 한번 소개해드린 적이 있었는데요. '워크 앤드 라이프 밸런스'의 줄임말로 형태적으로 볼 때에는 축약어에 해당됩니다. 일과 개인의 삶 사이의 균형을 이르는 말인데요, 〈파이낸셜뉴스〉의 2016년 기사를 보면 "구직자나 이직 희망자들 사이에서 기업의 '워라밸'이 어느 정도인지 알아보고 입사 지원을 하는 것(이 트렌드다)."와 같은 표현이 나옵니다.[6]

한국 사람들은 매우 치열하게 경쟁하고 학업 면에서나 직업 면에서도 성공을 추구하는 문화 때문에 야근하는 것이 당연시되는 직장 문화가 만연해 있었는데요, 그러나 이 단어가 언론 지면에 처음으로 등장하기 시작한 2016년을 전후해서는 일에 있어서 성공을 거두는 것보다 일과 분리된 개인의 삶, 또는 가정에서의 삶의 가치를 더욱 중요시하는 문화가 생겨난 것으로 생각됩니다.

다음으로 '금수저'와 '흙수저'는 모두 '수저'가 들어간 말인데요, '금수저'는 부유하거나 부모의 사회적 지위가 높은 가정에서 태어나 경제적 여유 따위의 좋은 환경을 누리는 사람을 이르는 말이고 '흙수저'는 반대로 집안 형편이 넉넉하지 않아 부모로부터 경제적인 도움을 받지 못하는 사람을 가리키는 말입니다.

한국 사회는 공식적인 계급 제도가 없는 평등한 사회이기는 하지만, 빈부에 따른 격차가 존재하지 않을 수는 없는데요. 이러한 빈부 격차에 따른 사람들 사이의 차이를 마치 넘어설 수 없는 계급처럼 인식하는 사람이 많아지면서 누구는 '금수저', 누구는 '흙수저'와 같은 명칭을 붙여 지칭하는 현상이 목격되는 것입니다.

---

6   〈우리말샘〉 중 '워라밸' 항목
    https://opendict.korean.go.kr/dictionary/view?sense_no=1374326&viewType=con
    firm

K-예능과 새로운 우리말

삶과 관련된 신어들을 살펴보고 있는데요, 두 번째는 삶의 행위와 관련된 것입니다. '집콕', '비혼', '돌싱' 같은 단어들의 예를 들 수 있겠는데요.

먼저 '집콕'은 외출하지 않고 집에만 콕 박혀 있는 것을 나타내는 것으로, 방학이나 휴가, 또는 주말이나 여가 시간에도 외출도 하지 않고 여행도 가지 않으면서 그대로 집안에 머물면서 시간을 보내는 것을 가리키는 말입니다. 어떨 때는 어디 나가는 것도 귀찮고 그냥 집에서 재미있는 예능 프로그램이나 보면서 시간을 때우는 것이 더 좋을 때도 있잖아요? 저는 특히 붐비고 시끄러운 곳에 가는 것을 싫어해서 주말에 '집콕'을 하는 경우가 많은데요, 여러분도 그런 상황이 생긴다면 이 단어를 한번 활용해 보셔도 좋겠습니다.

다음으로 '비혼', 그리고 '돌싱'이라는 단어들이 있는데요. 이 단어들은 모두 결혼 생활과 관련이 있습니다. 우선 '비혼'은 '결혼하지 않음, 또는 그런 사람'을 나타내는 말인데요. 기존에 이와 관련된 단어로 '미혼'이라는 단어가 있었지요. '미혼'은 한자로 '아닐 미(未)' 자를 써서, '아직 결혼하지 않음, 또는 그런 사람'이라는 뜻을 나타냅니다. 즉 다시 말하면 아직은 결혼을 안 했지만 언젠가는 결혼을 하게 될 것이라는 걸 전제로 한다는 의미이지요.

그런데 신어로 새롭게 등장한 '비혼'은 한자로 '아닐 비(非)'를 씁니다. 따라서 '미혼'이 아닌 '비혼'이라는 단어는, 언젠가는 결혼을 할 것이라는 전제가 사라진 의미가 되는 것입니다. 이렇게 결혼을 하지 않는 삶을 추구하거나 앞으로도 결혼할 계획이나 마음이 없는 사람들을 가리키는 말로 '비혼주의자'라는 말이 새롭게 등장하기도 하였

8장. 의미 범주별 신어 (2) : 일상생활

습니다.

이렇게 결혼하지 않는 세태를 잘 표현하는 단어가 '비혼'이라면, 한번 결혼을 했다 하더라도 결혼 생활을 유지하지 않고 이혼하는 사람들도 많이 있지요? 이러한 '이혼'을 가리키는 신어로 '돌싱'이 있습니다. 사실 과거에는 한국 사회에서 이혼을 대단히 부정적으로 바라보았었는데요. 최근에는 이혼하는 사람이 워낙에 많기도 하고 한국 사회에서 개인주의적 가치관이 점점 심화되면서 이혼 자체에 대한 부정적인 시선이나 편견이 많이 사라져 가고 있습니다. 이러한 분위기 속에서 나타난 신어가 바로 '돌싱'인데요, '돌싱'은 '돌아온 싱글'을 줄여 이르는 말로, 기존에 있던 단어인 '이혼남', '이혼녀'가 풍기는 부정적인 뉘앙스를 배제할 수 있기 때문에 흔히 사용되고 있습니다.

세 번째는 일상적인 행위를 나타내는 것입니다. 혼공, 카공 같은 것들이 여기에 속합니다. '혼공'과 '카공'은 모두 공부라는 행위와 관련이 있는 단어들인데요. 우선 '혼공'은 혼자서 공부함, 또는 그런 공부를 뜻하고 '카공'은 카페에서 공부함, 또는 그런 공부를 뜻합니다. 혼공은 앞에서도 배웠던 적이 있는 '혼밥'이라는 단어와 유사한 축약어인데요, '혼밥'은 '혼자서 밥을 먹다, 또는 혼자서 먹는 밥'을 뜻하는 단어였지요. 이처럼 혼자서 하는 공부를 '혼공'이라고 부릅니다.

이렇게 선생님께 수업을 받는 것이 아니라 스스로 공부하는 것을 가리켜서 사실 예전에는 '자율학습' 또는 이것을 줄여서 '자습'이라는 말을 주로 썼었는데요, 이러한 단어가 기존에 있었는데도 불구하고 왜 '혼공'이라는 말이 등장한 걸까요?

사실 '자습'과 '혼공'이 주로 쓰이는 맥락에는 조금 차이가 있는데

216

요, 기존에 쓰이던 '자습'은 주로 학교나 학원에서 이루어지는 것으로 일정한 시간 동안 학생이 알아서 하고 싶은 공부를 하도록 하는 것을 나타내는 것이 대부분이었습니다. 특히 대학 입시를 앞두고 있는 고등학생의 경우에는 학습할 분량이 많다 보니까 정규 학습 시간이 끝난 이후에도 학교에 남아서 선생님의 감독 하에 자습 시간을 갖도록 하는 경우가 많았는데요, 이러한 방과 후 자습 시간은 보통 야간 시간, 즉 밤 시간까지 이어졌기 때문에 이것을 가리켜서 '야간 자율학습'이라고 부르기도 했습니다.

이와 달리 신어인 '혼공'은 주로 학원을 다니지 않고 스스로 개인적 차원에서 이루어지는 공부, 즉 '자기 주도 학습'을 의미합니다. 한국은 사교육이 매우 활성화되어 있기 때문에 많은 학생들은 학교를 마친 이후에도 학원에 가서 수업을 듣거나 개인 과외 선생님을 통해서 추가로 수업을 듣거나 하는 식으로, 사교육 기관의 커리큘럼이나 공부 방식을 따라서 공부하는 경우가 많은데요. 이러한 사교육의 도움을 받지 않고 개인적으로 공부하는 것을 가리킬 때는 '자습'이라는 말 대신에 '혼공'이라는 말을 주로 씁니다.

또 이런 '혼공'은 집이나 도서관에서 할 수도 있지만 카페에서 하는 사람들도 많은데요. 조용한 집이나 도서관보다는 자유롭게 커피도 마실 수 있고 어느 정도의 소음도 들리는 카페 같은 환경에서 공부가 더 잘 된다고 느끼는 사람들도 있다고 합니다. 이렇게 카페에 친구를 만나러 가거나 커피를 마시러 가는 게 아니라 공부를 하기 위해서 가는 사람들이 늘어나면서, 카페에서 공부한다는 의미로 '카공'이라는 말이 새로 생겨나기도 했습니다.

네 번째로는 가족 관계를 나타내는 말들이 있습니다. '딸바보'나 '아들바보', '도치맘' 같이, 주로 부모님을 나타내는 말들이 많이 있는데요. '딸바보'는 딸 앞에서 바보가 될 정도로 딸을 너무나도 사랑하는 엄마나 아빠를 이르는 말이고 '아들바보' 역시 마찬가지로 아들 앞에서 바보가 될 정도로 아들을 너무나도 사랑하는 엄마나 아빠를 나타냅니다.

'도치맘'도 이와 비슷한 맥락에서 이야기할 수 있는 단어인데요. '도치맘'의 '도치'는 '고슴도치'에서 따온 말입니다. 한국 속담 중에 '고슴도치도 제 새끼는 함함하다고 한다'라는 말이 있지요. 털이 바늘 같이 꼿꼿한 고슴도치도 자기 새끼의 털이 부드럽다고 옹호한다는 뜻으로, 부모님의 눈에는 제 자식이 다 잘나고 귀여워 보인다는 말인데요. '도치맘'은 이 속담에서 유래한 신어로, 자기 자식을 무척 아끼고 귀여워하는 엄마를 나타내는 말입니다.

사실 자녀를 사랑스러워 하는 마음은 어떤 문화권이든 간에 공통적으로 나타나는 인류의 보편적인 감정이라고 할 수 있습니다. 그런데 한국 사회에서 출산율이 너무 낮은 것이 사회적인 문제가 되고 있지요. 그런데 이렇게 집집마다 자녀를 아주 적게 낳다 보니까 자녀가 너무 귀하게 되고, 그러다 보니까 이러한 '딸바보'나 '아들바보', '도치맘' 같은 단어들이 유독 더 많이 등장하게 되는 것 같습니다.

이렇게 해서 이번 강의에서는 일상생활 의미 범주에 속하는 신어들 중에서도 특히 '삶'이라는 세부 범주에 속하는 단어들에 대해서 구체적으로 알아보았습니다. 이어서 식생활과 관련된 의미를 나타내는 신어들로 우리의 관심사를 넘겨 보도록 하겠습니다.

218

03.
식생활을 나타내는 신어

　이번에는 일상생활을 나타내는 의미 범주 중에서도 두 번째로, 식생활을 나타내는 신어들에 대해서 공부해 보려고 합니다.

　식생활은 인간의 의식주 생활 가운데에서도 일상적인 언어생활에서 가장 빈번하게 언급되는 부분이라고 할 수 있는데요. 실제로 우리는 하루 중에서 먹는 일을 굉장히 많이 하면서 시간을 보냅니다. 기본적으로 아침, 점심, 저녁 세 끼 식사를 하고요, 식사 사이 사이에 간식을 먹거나 늦은 밤에 야식을 먹기도 합니다.

　우리가 하루 중 내리는 의사결정 가운데 매일 꼬박꼬박 내리는 결정은 바로 무엇을 먹을까 하는 것이고요, 사회적인 맥락에서 다른 사람들과 만나서 아이스브레이킹을 위해서 하는 이야기들의 주제 중에서도 날씨 얘기와 더불어서 음식이나 맛집에 대한 얘기를 빼놓을 수가 없겠지요. 이뿐만 아니라, 친구나 가까운 지인들을 만나서 하는 행위들 중에서도 가장 대표적인 것이 바로 같이 식사를 하는 것, 또는 커피나 차를 마시는 것이지요? 이렇게 볼 때 식생활은 우리의 일상생활과 가장 밀접한 관련을 맺고 있는 부분이라고 할 수 있습니다.

그러면 이렇게 우리에게 중요한 영역인 식생활과 관련된 신어로는 어떤 것들이 있을까요? 우선 예능 프로그램을 통해서 한번 확인해 보시겠습니다.

K-예능에서 신어 만나기

'서진이네'라는 예능 프로그램. 이 프로그램은 연예인들이 해외에 가서 레스토랑을 운영하는 프로젝트를 주된 내용으로 하고 있습니다. 그러다 보니 아무래도 음식이나 맛, 그리고 요리와 관련된 표현들이 많이 나오겠지요? 멕시코에 가서 레스토랑을 영업하는 에피소드에는, 손님들이 한국식 핫도그를 먹으면서 맛있다고 말하고 있는 장면이 나옵니다. 이때 '단짠'이라는 말이 등장합니다.

'단짠'이라는 단어는 '단맛과 짠맛이 번갈아 나는 맛, 또는 그런 음식'를 나타내는 신어입니다. '단짠'이라고 하기도 하고 이것을 반복해서 '단짠단짠'이라고 하기도 하는데 그럴 때도 똑같은 의미를 나타냅니다.

이렇게 음식의 맛을 나타내는 신어에 해당되는 또 다른 예시로는 '달달하다'를 들 수 있는데요, 이는 '달다'에 해당되는 단어로 '달달한 초콜릿'과 같이 쓸 수 있습니다. 이 말은 기존에는 일부 지역의 방언으로만 사용되던 단어입니다. 그런데 이 말의 의미가 확장되면서 일부 지역의 방언이라는 한계를 벗어나서 두루두루 쓰이게 되었는데요. 맛이나 냄새에 대해서 쓸 수 있을 뿐만 아니라 단맛과 관계없이 분위기나 느낌을 나타낼 때에도 사용할 수 있습니다. 감성을 자극하는 낭만적인 노래를 '달달한 노래'라고 하거나 기분 좋은 연애를 할 때에도 '달달한 연애'라는 말을 붙일 수 있습니다.

이렇게 '단짠'과 '달달하다'를 통해서 '맛'과 관련된 신어를 소개해 드렸는데요. 식생활 의미 범주에 속하는 단어들에는 이러한 맛 관련 단어들 외에도 몇 가지 유형이 더 분류될 수 있습니다. 그럼 어떤 유형에 어떤 단어들이 있는지 자세히 알아보겠습니다.

우선은 음식이나 음료를 나타내는 단어들이 있습니다. 음식을 나타내는 말로 '치맥, 피맥, 밥도둑, 귤' 같은 단어들이 있고요. 음료를 나타내는 단어들로는 '아아, 따아, 뜨아, 얼죽아' 같은 단어들이 있습니다.

'치맥'과 '피맥'은 각각 '치킨과 맥주', 그리고 '피자와 맥주'를 가리키는 말인데, 어쩌면 이미 많은 분들이 접해 보셨을 것 같습니다. 그렇다면 '밥도둑'은 어떠신가요? 먼저 '밥도둑'은 '밥을 훔쳐가는 도둑'이라는 표현에서 온 말인데요, '입맛을 돋우어 밥을 많이 먹게 하는 반찬 종류를 비유적으로 이르는 말'입니다. 어떤 반찬이 너무 맛있어서 자신도 모르는 사이에 순식간에 밥을 뚝딱 다 먹게 되었을 때, 그 반찬이 마치 밥을 훔쳐간 것처럼 비유적으로 표현한 것이지요.

그렇다면 '귤'은 무엇일까요? 이것은 꿀처럼 달콤한 귤을 의미하는 단어인데요, '꿀'과 '귤'을 문자적으로 합쳐서 만든 신어로, 의미적으로도, 그리고 문자의 형태적으로도 두 단어가 합쳐진 것으로 무척 재미있는 신어의 사례입니다.

한편, 음료를 나타내는 단어들로는 앞서서 '아아, 따아, 뜨아' 같은 것들을 말씀드렸는데요. 이 단어들은 모두 커피와 관련되어 있습니다. 시장조사기관 유로모니터에 따르면 2020년 기준으로 한국인의 연간 커피 소비량은 한 명당 367잔으로, 한국인들은 전 세계에서 2위로 커피를 많이 마신다고 하는데요. 이 수치는 전 세계 평균의 두 배 이상이나 되는 매우 높은 수치라고 합니다.[7]

특히 한국 사람들은 에스프레소에 물을 타서 연하게 마시는 미국 스타일의 커피 아메리카노를 많이 마시는데요. 아메리카노 중에서도 '아이스 아메리카노(Iced americano)'를 줄여서 '아아', '따뜻한 아메리카노'를 줄여서 '따아', '뜨거운 아메리카노'를 줄여서 '뜨아'라고 부릅니다. 이렇게 매일 매일 커피를 마시는 한국인의 특성상 '아이스 아메리카노'나 '따뜻한 아메리카노'와 같이 긴 음절을 말하는 것은 별로 효율적인 언어 사용이라고 보기는 어렵겠지요.

한국인의 커피 소비 형태를 반영한 신어 중에는 '얼죽아'라는 단어도 있습니다. 이것은 '얼어 죽어도 아이스 아메리카노'를 줄인 말인데요, 한국 사람들은 한 겨울에도 얼음이 들어간 시원한 커피를 마시는 경우가 많다고 하지요. 이렇게 아무리 추운 날이어도 아이스 아메리카노를 마시는 사람들을 가리킬 때 이 단어를 쓰고는 합니다.

다음으로, 식사하는 행위를 나타내는 단어들이 있습니다. 이 유형에 해당되는 단어들로는 '혼밥, 혼술, 부먹, 찍먹' 같은 단어들을 소개해 볼 수가 있겠는데요.

---

7   출처 : https://www.hankyung.com/article/202304094928i

K-예능과 새로운 우리말

혼밥과 혼술은 여러분도 이제 그 의미를 잘 아실 것 같습니다. 앞서서 삶과 관련된 단어들 중에서도 일상적인 행위를 나타내는 신어의 예시 중 하나로 '혼공'을 소개한 적이 있는데요. '혼밥'과 '혼술' 역시도 혼자서 하는 행위를 나타내는 단어들입니다. '혼밥'은 혼자 먹는 밥을 나타낸다면 '혼술'은 혼자 마시는 술을 나타내는 것이지요. 이렇게 혼자서 하는 행위와 관련된 단어들을, 이번 식생활을 나타내는 신어들의 사례에서도 만나게 되었네요.

그리고 '부먹, 찍먹'이라는 단어들도 있는데요. 이 두 단어는 서로 관련이 있는 단어들입니다. 우선 '부먹'이란 '부어 먹기'를 줄여 이르는 말로, 탕수육과 같이 소스가 따로 나오는 음식에 소스를 부어 먹는 것을 이르는 말이고요, '찍먹'은 '찍어 먹기'를 줄여 이르는 말로, 탕수육과 같이 소스가 따로 나오는 음식을 소스에 찍어 먹는 것을 이르는 말입니다. 탕수육은 중국요리의 하나로, 원래는 쇠고기나 돼지고기에 녹말을 묻혀 튀긴 것에 소스를 부어서 만드는 것인데요. 한국의 중화요리 식당에 가거나, 집에서 중화요리를 배달시켜서 먹을 때 탕수육을 주문하면 보통 고기 튀김과 거기에 부어먹도록 되어 있는 소스가 별도의 그릇에 담겨서 나오는 경우가 많습니다.

이는 '부먹'을 좋아하는 사람과 '찍먹'을 좋아하는 사람을 모두 배려하기 위한 방법인데요. 고기 튀김이 소스에 푹 잠기는 것을 좋아하는 사람이라면 이 소스를 고기에 부어서 먹으면 되고요, 즉 부먹을 하면 되고요. 고기튀김의 바삭한 식감을 그대로 즐기고 싶은 사람이라면 소스를 소스 그릇에 그냥 둔 채로 튀김을 찍어 먹으면 되겠지요. 즉 '찍먹'을 하면 되는 것입니다.

이렇게 '부먹'과 '찍먹'이 일상생활에서 많이 쓰이다 보니까 여기에서 나아가서 '부먹'을 좋아하는 사람을 가리키는 말로 '부먹파', 그리고 '찍먹'을 좋아하는 사람을 가리키는 말로 '찍먹파'라는 단어가 새롭게 나타나기도 했습니다. 또 최근에는 이 '찍먹'이라는 단어의 의미 확장이 일어나서, 어떤 일을 짧게 경험하는 것을 가리켜서 '찍먹을 해 본다'라고 표현하기도 합니다.

이렇게 해서 이번에는 일상생활 중에서도 식생활과 관련된 신어들에 대해서 공부해 보았습니다. 구체적으로는 맛과 관련된 단어들, 음식이나 음료를 나타내는 단어들, 그리고 식사 행위를 나타내는 단어들로 나누어서 살펴보았습니다. 그럼 다음에는 의생활, 그리고 주생활을 나타내는 신어로 강의의 초점을 옮겨 보도록 하겠습니다.

04.
의생활 및 주생활을 나타내는 신어

이번에는 의생활, 그리고 주생활을 나타내는 신어들에 대해서 공부하려고 합니다. 우선은 역시 예능 프로그램을 통해서 이번에 배울 신어 중 하나를 만나 보시겠습니다.

> ### K-예능에서 신어 만나기
>
> '유퀴즈온더블럭'이라는 토크쇼 형식의 예능 프로그램. 방탄소년단의 멤버 중 한 명이죠. '뷔'라는 예명을 쓰는 김태형 씨가 출연한 에피소드 중 한 장면입니다. 김태형 씨의 사진들을 보면서 '꾸안꾸'라는 자막이 등장하는데요. 이 '꾸안꾸'라는 신어는 '꾸민 듯 안꾸민 듯하다'를 줄여서 만들어진 것으로 '꾸안꾸 코디', '꾸안꾸 패션' 등과 같이 쓰입니다.

패션 스타일 중에는 누가 봐도 열심히 꾸민 것처럼 보이는 스타일도 있는가 하면, 꾸민 것인지 안꾸민 것인지 구별하기 어려울 정도로 자연스럽게 보이는 스타일도 있는데요. 이렇게 자연스러운 아름다움을 최대한 살린 스타일을 말할 때 '꾸안꾸'라는 말을 씁니다.

의생활을 나타내는 신어들 역시 세부 유형으로 더 자세히 구분할 수 있겠는데요. 옷의 종류를 나타내는 부류, 의복의 착용 스타일을 나타내는 부류, 그리고 미용 행위를 나타내는 부류로 나누어 보도록 하겠습니다.

우선 옷의 종류를 나타내는 단어들로는 '크롭티, 스키니진, 과잠' 같은 신어들이 있습니다. '크롭티'와 '스키니진'은 모두 외래어를 차용한 것으로, '크롭티'에 해당되는 원어는 'crop top'이고 '스키니진'에 해당되는 원어는 'skinny jeans'입니다. 한편 '과잠'은 '학과 잠바'를 줄여서 만든 말인데요. 주로 대학교에서 같은 학과 학생들끼리 단체로 맞춰 입는 잠바를 말합니다. 한국의 대학 문화의 일종이라고도 말할 수 있겠는데요, 한국에서는 자신의 소속 대학과 학과를 새겨 넣은 잠바를 입고 다니는 대학생들을 흔히 보실 수 있습니다. 이러한 '과잠'을 입는 문화는 2000년대 이후에 나타난 대학 문화 중 하나인데요, 소속 대학과 학과를 통해서 자신의 정체성을 드러내고자 하는 대학생들의 문화가 형성되어 있는 것으로 볼 수 있겠습니다.

다음으로 의복 착용 스타일을 나타내는 단어로는 '깔맞춤, 얼죽코, 공항패션, 하객패션' 같은 것들의 예를 들 수 있겠습니다.

먼저 '깔맞춤'은 옷이나 액세서리 등을 비슷한 계열의 색깔로 맞추어 입거나 착용하는 것을 나타내는데요, '색깔 맞춤'이라는 구성에서 특이하게도 '색'이 아닌 '깔'이라는 음절이 선택된 사례입니다. 표현의 참신성을 위해서 의도적으로 이러한 선택이 이루어진 것이라고 생각이 됩니다.

그리고 '얼죽코'는 '얼어 죽어도 코트'에서 온 축약어인데요, 앞에서 배웠던 단어 하나가 떠오르시지요? 바로 '얼죽아', 즉 '얼어 죽어

K-예능과 새로운 우리말

도 아이스 아메리카노'를 줄인 말이었습니다. '얼죽아'가 아무리 추워도 차가운 커피를 마시는 사람들을 가리키는 것처럼, '얼죽코'는 아무리 추워도 두꺼운 패딩 잠바가 아니라 코트를 차려 입는 사람들을 가리킬 때 쓰는 말입니다.

다음으로는 '공항패션'이나 '하객패션' 같이 '패션'이라는 단어가 붙어서 형성된 합성어들이 있는데요. '공항패션'은 공항에서 입국이나 출국을 할 때의 옷차림을, '하객패션'은 결혼식에 하객으로 참석할 때 차려입는 패션 스타일을 나타내는 단어들입니다. '공항패션'과 '하객패션'은 원래는 주로 인기 연예인들의 패션 스타일을 나타낼 때 사용되기 시작했는데요. '공항패션'의 경우 연예인들이 해외 일정을 위해서 출국하거나 해외 일정을 마치고 귀국할 때 공항에서 기자들에게 찍히는 사진이 유명해지면서 사용되기 시작하였습니다. 그리고 '하객패션'은 연예인들이 동료 연예인의 결혼식에 초대받아 하객으로 참여할 때 차려입은 패션 스타일이 역시 기자들에 의해서 보도되면서 사용되기 시작한 것으로 보입니다.

이렇게 의복의 착용 스타일을 나타내는 단어들에는 무엇이 있는지 알아보았는데요. 마지막으로 살펴볼 세부 유형은 미용 행위를 나타내는 단어들입니다. 여기 속하는 단어들은 옷이나 액세서리와 관련된 것은 아니지만 그것과 관련된 미용 행위를 나타낸다는 점에서 의생활 의미 부류로 묶어 볼 수 있겠는데요, 구체적인 단어의 사례로는 '반삭'과 '뿌염'을 들 수 있겠습니다.

우선 '반삭'은 '머리 길이를 약간만 남기고 삭발에 가깝게 머리털을 깎음. 또는 그 머리.'를 나타냅니다. 머리털을 완전히 깎아서 없애는 것을 '삭발'이라고 하는데요, 이러한 삭발 머리보다는 조금 길게 남긴 머리 스타일을 지칭할 때, '삭발'을 반(半)만 했다는 점에서 '반삭'이라는 말을 붙이게 되었습니다.

'뿌염'이라는 말은 '뿌리 염색'을 줄인 축약어인데요, '뿌리 염색'은 미용 등의 목적으로 머리카락의 뿌리 부분에 물을 들이는 일을 나타내는 것으로, 주로 머리카락에 염색을 한 뒤 시간이 흘러 새로 자란 부분을 염색하는 것을 말합니다. 이것은 굳이 새치를 가리려는 의도 없이도 미용 목적으로 머리를 계속해서 염색하는 경우가 많아지면서, 염색 이후에 새로 자라난 부분, 즉 머리카락의 '뿌리' 부분만을 염색하는 사람들이 많아지면서 새로 생긴 말인데요, 실제로 한국에서 미용실에 가면 '뿌염'만 할 때의 가격과 머리 전체를 염색할 때의 가격이 별도로 책정되어 있는 경우가 많습니다.

이렇게 해서 의생활을 나타내는 단어들을 살펴보았고요. 이어서 주생활을 나타내는 신어들에 대해서 알아보겠습니다. 주생활과 관련된 의미 범주의 신어들은 인간의 거주 형태나 거주 지역 등과 관련된 단어들로 구성되어 있는데요. 우선은 K-예능에 나온 신어의 사례를 통해서 만나 보도록 하겠습니다.

K-예능에서 신어 만나기

'신서유기'라는 예능 프로그램의 한 장면. 출연자들이 먹고 싶은 음식을 걸고 퀴즈를 하는 장면입니다. 이때 출제된 문제가 바로 신어인 '슬세권'의 의미를 맞추는 것이었는데요. 이 출연자는 정답을 맞히지 못했습니다. 여러분은 어떠신가요? '슬세권', 과연 무엇인지 아시나요?

'슬세권'을 이해하려면 우선 '역세권'부터 알아야 합니다. '역세권'이란 원래는 '기차나 지하철 역을 일상적으로 이용하는 주변 거주자가 분포하는 범위'를 가리키는데요, 이러한 역세권 내에 여러분의 집이 있다면, 그 집에 사는 사람들은 역을 바로 이용할 수 있으니까 편리하겠죠? 이렇게 교통이 편리한 위치에 있는 집을 가리켜서 역세권에 있는 집이라고 할 수 있습니다.

그런데 한국의 대표적인 주거 형태는 아파트이기 때문에 '역세권 아파트'라는 말이 많이 사용되는데요. 이 역세권에서 지하철 역을 뜻하는 '역'를 빼고 그 자리에 여러 가지 다른 말들이 들어가면서 신어를 만드는 경우가 아주 많아졌습니다. 대표적인 것으로는 숲이 가까워서 쾌적한 거주 지역을 뜻하는 단어로 '숲세권'이 있고요, 학교가 가까워서 학업 환경이 우수한 거주 지역은 '학세권'이라고 부릅니다.

그렇다면 '슬세권'은 무엇일까요? 이때 '슬'은 '슬리퍼'의 두음절을 따다 붙인 것인데요, 슬리퍼는 우리가 주로 집 앞에 잠깐 나갈 때 편하게 신는 신발이지요. 따라서 슬세권은 슬리퍼 차림과 같은 편한 복장으로 카페나 편의점, 도서관, 쇼핑몰 같은 각종 편의시설을 사용할 수 있는 주거 환경을 나타내는 것입니다. 슬세권에 산다면 각종 편의시설을 집 근처에서 이용할 수 있으니까 생활이 편리하겠지요.

이렇게 '숲세권', '학세권', '슬세권' 같은 단어들은 모두 주거 지역을 나타낼 때 사용되는 단어들로 묶을 수 있는데요, 여기에 포함할 수 있는 신어 중에 또 다른 예시로 '초품아'라는 단어를 들 수 있겠

8장. 의미 범주별 신어 (2) : 일상생활

습니다. '초품아'란 '초등학교를 품은 아파트'를 줄여 이르는 말인데요, 초등학교가 아파트 단지에 붙어 있어서, 어린 자녀들이 통학하기에 편하다는 장점을 부각시키기 위해서 사용하는 말입니다. '학세권' 중에는 '초품아'가 많다고 볼 수 있겠지요.

이렇게 주거 지역의 특성을 나타내는 단어들을 알아보았는데요. 다음으로 살펴볼 주생활 관련 단어로는 주거의 형태를 나타내는 단어들이 있습니다. 대표적인 것 하나만 알아보려고 하는데요, 바로 '지옥고'입니다.

이 '지옥고'는 '지하', '옥탑방', '고시원'을 아울러 이르는 말인데요. 이들 '지하', '옥탑방', '고시원'은 모두 경제적으로 어려운 서민들이 주로 머무르는 주거 형태입니다. 따라서 '지옥고'는 주로 서민들이 머무르는 공간을 의미하면서 동시에 주거와 관련하여 겪는 괴로움을 뜻하는 말이기도 한데요, '지옥고'는 실제로 '지옥이 주는 고통'이라는 뜻으로도, 중의적으로 해석이 가능합니다. 서민들이 주로 머무르는, 환경이 열악한 주거 형태를 나타내면서 동시에 그러한 열악한 주거 환경으로 인해서 서민들이 겪는 고통이 마치 지옥에서 겪는 것처럼 심하다는 의미를 나타낼 수 있는 단어입니다.

이렇게 해서 이번 시간에는 의생활과 주생활의 의미 범주에 속하는 신어들의 사례를 만나보셨습니다. 한국의 여러 가지 사회적·문화적 상황이나 현상을 반영하고 있는 단어들이 무척 많았는데요. 이렇게 일상생활 의미 범주에 속하는 신어들을 구체적으로 살펴봄으로써 우리는 이 '신어'라는 렌즈를 통해서 한국인의 사회적·문화적 배경이나 상황을 들여다볼 수 있다는 것을 여러분들도 느끼셨을 것 같습니다. 그럼 다음 절에서는 이처럼 일상생활 신어들의 사례를 통해서 한국인, 그리고 한국 사회나 문화에 대해서 알 수 있는 것들 몇 가지를 한번 정리해 보도록 하겠습니다.

05.
일상생활 신어가 보여주는 사실들

이제까지 8장에서는 일상생활 의미 범주에 속하는 신어들의 구체적인 사례들을 공부해 보았습니다. 이번에는 앞에서 배웠던 내용을 종합적으로 검토해 볼 때, 이러한 신어들을 통해서 발견할 수 있는 한국 사회와 문화의 변화에 대한 몇 가지 현상들을 짚어보고자 합니다.

일상생활 신어를 통해 알 수 있는 것들 몇 가지 현상들 중에서 첫 번째로 꼽을 것은 바로 개인화를 추구하는 문화가 심화되고 있다는 것입니다. 사실 전통적으로 한국 사회는 서구 문화권과 달리 개인의 가치보다 집단의 가치를 우선시하는 문화, 즉 집단주의적 문화로서의 특성을 갖는다고 여겨져 왔는데요. 새롭게 만들어져서 널리 사용되고 있는 신어들의 면면을 살펴보면 이러한 전통적인 집단주의적 가치보다는 개개인의 삶을 더욱 중시하는 문화적 풍토가 자리잡고 있는 것으로 여겨집니다.

이러한 개인화의 모습을 보여주는 신어들로는 앞서 살펴보았던 단어들 중에서 '워라밸', '소확행', '혼밥, 혼술, 혼공' 등의 '혼'시리즈 단어들, 그리고

'집콕'과 '비혼' 등의 단어를 들 수가 있겠습니다.

한국의 기성세대들은 집단주의적 문화 속에서 사회적으로는 직장이나 조직에서의 성공을 중요시하고 개인적으로는 결혼을 통하여 주로는 가부장적인 질서를 따르는 가정을 구성하는 것을 중요하게 여겼습니다. 그러나 한국 사회가 경제적으로 성장하고 서구의 개인주의적 가치관이 들어오면서 이러한 기존의 가치관들이 변화하게 되는데요, 이러한 모습이 신어를 통해서 잘 드러나는 것입니다.

이제 개인들은 일적인 성공보다는 '워라밸'과 '소확행'을 중시합니다. 과거에는 식사나 술자리, 심지어 공부까지도 여럿이 우르르 함께하면서 그 안에서 소속감을 느끼는 것이 중요했다면 개인화된 사회에서는 '혼밥, 혼술, 혼공'을 통해서 자기만의 시간을 가지는 것이 어색하거나 부끄럽지 않습니다. 이렇게 자신만의 시간과 공간이 중요해지면서 사람들은 자신의 공간을 취향대로 가꾸고 거기에서 머물며 시간을 보내는 것에 이전보다 더 많은 의미를 부여하게 되었습니다. '집콕'이나 '홈캉스' 같은 단어들은 이러한 추세를 잘 보여줍니다.

일상생활 신어를 통해 알 수 있는 것들 몇 가지 현상들을 짚어보고 있는데요, 개인화에 이어서 두 번째로 언급할 것은 바로 양극화입니다. 양극화란 마치 남쪽 끝과 북쪽 끝 사이, 또는 오른쪽 끝과 왼쪽 끝과 같이 서로 정 반대되는 양쪽 끝으로 몰리게 되는 현상을 말하는데요, 다시 말하면 사회 구성원들이 서로 점점 더 달라지고 멀어지는 것을 말합니다.

이러한 양극화의 심화를 보여주는 신어의 사례로는, 앞서서 우리가 배운 단어들 중에서 '금수저', '흙수저' 등의 이른바 '수저론'을 보여주는 단어들, '슬세권', '숲세권', '학세권' 그리고 '지옥고'처럼 주거 지역이나 주거 환경을 나타내는 단어들, 그리고 '과잠' 같은 의생활 관련 단어들의 경우를 들 수 있겠습니다.

먼저 '금수저, 은수저, 흙수저' 등의 단어들은 '수저론'을 보여주는 단어들인데요. 이 '수저론' 자체도 신어로 볼 수 있는데, 이것은 '부모의 사회적·경제적 지위가 개인의 사회적·경제적 지위를 결정한다고 주장하는 이론'을 나타냅니다. 집안 형편이나 부유한 정도를 수저의 재질에 비유해서 각 계급의 명칭을 부여하는데요. 부유한 계층부터 해서 '금수저, 은수저, 동수저, 흙수저' 등으로 나누어서 부르는 것입니다. 이러한 수저론의 단어들은, 한국 사회 안에 암묵적인 사회적 계급이, 특히 경제력에 따라서 존재하며, 그것이 마치 전근대사회의 신분제도가 부모로부터 자녀에게 세습되었던 것과 같이 개인의 노력으로 바꿀 수 없는 것으로 고착되어서, 대를 거쳐 내려가게 된다는 일부 한국인들, 특히 젊은 계층의 의식을 반영하고 있습니다.

그런데 사실 이러한 계층의 양극화 및 고착화에 대한 인식은 앞서 말씀드렸던 개인화의 심화와도 밀접한 관련이 있습니다. 과거의 경제 발전 시기에 한국인들은 '노력'의 가치를 매우 중시했는데요, 개인의 노력, 그리고 집단적인 노력을 통해서 한국이라는 국가, 집단뿐만 아니라 그 안에 있는 구성원 개개인들의 삶 역시도 나아질 것이라고 생각했기 때문입니다. 그런데 '수저론'의 인식 하에서는 개인의 노력이 무가치하게 여겨지게 됩니다. 어차피 금수저로 태어났다면 앞으로도 쭉 금수저인 것이고, 흙수저로 태어났다면 아무리 노력해도 흙수저 신세를 벗어나기 어렵다고 인식하기 때문이지요. 이러한 인식을 바탕으로 하는 가운데 사회적·경제적 성공을 위한 노력을 경주하기보다는 개인의 소소한 일상적인 삶을 더욱 중시하게 되고, 그러다 보니 애초에 커다란 성취를 바라지 않고 '소확행'을 추구하는 삶에 만족하게 되는 경향이 나타나는 것입니다.

다음으로 '슬세권, 숲세권, 학세권', 그리고 '지옥고'라는 단어들을 통해서도 양극화 현상을 바라볼 수 있습니다. 아파트는 한국인의 대표적인 주거 형태이기도 하지만, 그 가격이 만만치 않은 수준이어서 경제적 빈곤층에게는 그림의 떡으로 여겨지기도 하는데요. 이 '슬세권, 숲세권, 학세권' 등은 일반적으로는 '아파트'의 위치에 대해서 설명할 때 주로 쓰이는 단어들입니다. 아파트라는 것을 전제로 하고 그 아파트가 좋은 입지에 있는 아파트라는 것을 설명할 때 쓰이는 경우가 많다는 것입니다.

어느 정도의 중산층 이상의 가정에서는 보통 아파트에 거주하는 것을 선호하는데, 한국식 아파트에는 보통 어린 자녀가 뛰어놀 수 있는 놀이터나 직장인들이 퇴근 후 운동할 수 있는 운동시설 등이 갖추어져 있어서 생활하기 편리하기 때문입니다. 반면에 경제적으로 빈곤한 계층에서는 아파트 대신에 '지옥고'라고 불리는, 상대적으로 열악한 주거 시설에 거주할 수밖에 없는 경우가 많습니다. '지하'는 볕이 잘 들지 않고 습해서 주거의 질이 낮아질 위험이 있고, '옥탑방'은 건물 꼭대기에 있고 단열이 잘 되지 않는 경우가 많아서 여름에는 너무 덥고 겨울에는 반대로 너무 추운 경우가 상대적으로 많을 수 있습니다. 그리고 '고시원'은 한국의 특이한 주거 시설인데요, 작은 침대 하나와 책상 하나 정도만 들어갈 정도의 아주 좁은 방이 한

건물에 여러 개 밀집해 있고, 취식은 불가능하고 화장실은 여러 사람들이 공유하는 형태가 많습니다. 무엇보다도 공간이 너무 좁기 때문에 쾌적한 주거 생활을 누리기에는 취약점이 있을 수 있겠지요. 이렇게 한국 사회에 존재하는 양극단의 주거 형태들을 반영하는 다양한 단어들이 사용되고 있음을 알아보았는데요, 이렇게 양극단의 주거 환경의 차이를 통해서도 한국 사회의 양극화 현상을 엿볼 수 있습니다.

이렇게 해서 8장에서는 일상생활과 관련된 신어들을 두루 살펴보았습니다. 이어지는 9장에서는 사회생활이라는 의미 범주로 묶을 수 있는 신어들에 대해서 공부하도록 하겠습니다.

9장.

의미 범주별
신어 (3) :
사회생활

9장.

의미 범주별 신어 (3) : 사회생활

01.
사회생활 의미 범주 개관

이번 9장에서는 사회생활 의미 범주에 속하는 신어들로 학습 대상을 바꾸어 공부해 보려고 합니다. 언어는 인간이 사용하는 고유한 의사소통의 도구입니다. 우리가 언어에 대해서 탐구하는 학문인 언어학을 인문학의 범주 안에 넣는 것도 언어라는 것이 인간의 도구이기 때문이지요. 우리는 인간에 대한 관심 때문에 인간의 언어를 탐구하는 것이라고 말씀드릴 수가 있습니다.

그런데 인간의 특성에 대해서 이야기할 때 빠지

지 않고 거론되는 것 중에 하나가 바로 인간은 사회적 동물이라는 것입니다. 인간은 무리지어 살면서 그 구성원들 사이에 마련된 일정한 질서와 협력의 토대 위에서 공존하며 살아간다는 것인데요. 이렇게 인간의 고유한 특징 중 하나로서 사회성이라는 것을 인정할 때, 인간에게 있어 사회생활, 혹은 사회적인 활동이라는 것이 매우 중요한 부분이라는 것을 알 수 있습니다.

'사회생활'이라는 의미 범주는 이렇게 사회적 존재로서의 인간이 수행하는 사회적 상호작용과 관련된 여러 가지 활동과 경험을 아우르는 것입니다. 그렇다면 사회생활 의미 범주의 세부 유형은 어떻게 나누어 볼 수 있을까요?

우리 수업에서는 우선적으로 인간관계와 관련된 단어들의 유형을 설정하고자 합니다. 사회생활 안에는 공적인 영역과 사적인 영역이 포함될 수 있겠는데요, 이 인간관계와 관련된 유형은 주로 사적인 영역에서의 친교 활동과 관련됩니다. 사적인 영역은 가정을 포함한 개인적 삶과 친구들과의 관계를 의미한다고 할 수 있습니다. 그런데 우리는 사적인 영역 중에서 가정을 포함한 개인적 삶에 대한 부분은 앞에서 다루었던 일상생활 의미 범주에서 이미 다루었었지요.

따라서 이번 장에서 다루는 사회생활 의미 범주에서는 직장이나 취미활동, 친구들과의 사적인 교류 등과 같이 가정 이외의 집단에서 만나는 사람들과의 인간관계 및 친교 활동과 관련된 유형에 속하는 단어들을 공부해 보려고 합니다. 앞에서 배웠던 신어 중에서 '썸'이라는 단어 기억 나시지요? 이 단어처럼 사적인 영역에서 맺게 되는 인간관계와 관련된 단어들이 바로 여기에 속한다고 할 수 있습니다.

두 번째 세부 유형은 바로 사회적 활동을 나타내는 것입니다. 사회적 활동은 주로 공적인 영역에서의 활동과 관련되는데요. 직업이나 직무 수행과 관련된 활동들, 그뿐만 아니라 사회 운동이나 캠페인, 봉사 등에 관련된 활동으로 이 사회적 활동이라는 유형을 설명할 수 있습니다.

우리가 이전에 배웠던 단어들 중에서 여기에 해당되는 신어의 예시로는 '금융치료'를 들 수 있겠습니다. 금융치료는 경제적인 보상이나 불이익을 줌으로써 어떠한 상태를 개선시키거나 습관을 바꾸는 행위를 의미하는데요. 평소에 출근하기 싫은 마음이 월급날만 되면 '금융치료'가 되어서 사라진다든지, 교통 법규를 잘 지키지 않던 습관이 과태료나 벌금을 물고 나서 고쳐진다든지 하는 것들, 모두 사회적 활동과 관련되는 것들이지요.

세 번째로 설정할 유형은 바로 언어 활동 및 의사소통을 나타내는 단어들의 유형입니다. 인간이 무리 속에서 서로 간의 질서와 협력의 토대를 마련하고 그것을 바탕으로 하여 사회적 동물로서 살아갈 수 있게 하는 가장 중요한 도구 중 하나가 바로 언어의 존재라고 할 수 있습니다. 우리 모두는 사회 속에서 언어를 가지고 활동하며, 언어를 통한 의사소통 행위가 없다면 현재와 같은 수준의 고차원적인 질서와 협력의 토대를 쌓는 것은 애초에 불가능하다고 할 수 있을 것이기 때문입니다.

그러므로 사회생활이라는 큰 범주 안에서도 이러한 사회생활 자체가 성립할 수 있도록 하는 데 꼭 필요한 영역인 언어 행위와 의사소통은 매우 중요한 유형이라고 볼 수 있을 것입니다. 앞에서 배웠던 단어 중에서는 '돌직구'가 여기에 해당되는 단어 중 하나라고 볼 수 있겠는데요. 돌려서 말하지 않고 직설적으로 표현하는 것을 '돌직구를 날리다'라고 표현한다는 말씀을 드렸었는데, 아마 기억이 나실 것 같습니다.

이렇게 해서 사회생활 의미 범주에 대해서 우선은 개괄적으로 알아보았습니다. 다음 절에서부터는 앞서 소개해 드린 세 가지의 세부 유형별로 나누어서 그 구체적인 예시와 함께 공부해 보도록 하겠습니다.

02.
인간관계를 나타내는 신어

　　우리 책에서는 사회생활과 관련된 의미 범주를 다시 세 가지의 세부 유형으로 구분하고 있는데요, 우선은 그중에서 첫 번째로, 인간관계와 관련된 의미를 나타내는 신어들에 대해서 알아보고자 합니다.

　　그럼, 먼저 예능 프로그램을 통해서 어떤 신어가 있는지 한번 만나보시겠습니다.

K-예능에서 신어 만나기

'유퀴즈온더블록'이라는 예능 프로그램. 이 프로그램에서는 스튜디오에 특정한 게스트들을 초대해서 토크쇼를 진행하기도 하지만, 길거리에 나가서 우연히 만나는 사람들과 일상적인 이야기를 나누는 형식으로 진행을 하기도 합니다. 이 프로그램의 진행자인 유재석 씨의 말을 잘 들어보시면 '우리가 자만추인데…'라고 하는 장면이 있습니다. '자만추', 이 부분이 자막으로도 등장했는데요. 그렇다면 '자만추'라는 신어는 무슨 뜻일까요? '자만추'란, 자연스러운 만남을 추구한다는 말을 줄여서 만들어진 축약어로, 말 그대로 사전에 계획된 만남보다는 자연스럽고 우연한 만남을 더 좋아한다는 뜻입니다.

'자만추'라는 단어는 특히 연인을 만나는 방법에 있어서 소개팅과 대비해서 쓰이는 경우가 많습니다. 소개팅은 누군가의 주선으로 남녀가 만나는 것인데요, 이렇게 소개팅에서 만나서 서로를 알아보다가 마음에 들면 연인으로 발전하게 되는 것입니다. 그런데 이러한 방식은 다소 인위적이라고 느껴질 수 있겠지요. 그러다 보니까 사람에 따라서는 이러한 소개팅을 통해서 연인을 만드는 것보다는 일상적으로 만나는 사람들 중에서 호감이 드는 사람이 생기면 그 사람과 관계를 더욱 발전시켜서 자연스럽게 연인 관계가 되는 것을 더 선호하는 사람들도 있을 수 있겠는데요, 이러한 사람들이 스스로 "나는 자만추야."와 같이 말할 수 있겠습니다.

그 밖에도 인간관계와 관련된 신어들을 몇 가지 더 알아볼까요? 오늘 소개할 신어들로는 '잠수, 밀당, 절친' 등이 더 있습니다.

우선 '잠수'는 의미적 신어 중 하나인데요, 원래 기존에 존재하던 의미는 '물속으로 잠겨 들어감, 또는 그런 일'을 나타내는 것입니다. 그런데 이것에서 새로운 의미가 파생되었는데요, 그 새로운 의미는 바로 '상대에 대하여 돌연 연락을 끊음. 또는 그런 상태'입니다. 만일 여러분과 평소에 서로 연락을 잘 주고 받던 친구가 어느날부터 갑자기 연락을 해 오지도 않고 가는 연락에도 응답하지 않을 때 그 친구가 '잠수를 탔다'고 말할 수 있습니다.

'잠수'라는 단어의 원래 의미가 물속에 들어가는 것이라고 말씀드렸는데요, 이렇게 물속에 들어간 사람은 물 밖에 있는 사람 입장에서는 보이지도 않고 서로 대화를 나눌 수도 없지요. 그래서 이러한 단절의 의미로부터 '연락 두절'이라는 의미가 파생되어 이러한 의미적 신어가 만들어진 것으로 볼 수 있겠습니다.

사실 현대인의 생활에서 서로 인간관계를 맺고 유지하기 위해서는 통신 행위가 거의 필수적이라고 할 수 있을 정도로 매우 중요하지요. 따라서 이렇게 잠수를 타는 경우는 보통은 관계를 아예 끊어버리기 위한 행동인 경우가 많습니다.

다음으로 '밀당'은 '밀고 당기기'에서 온 축약어입니다. '밀고 당기기'에는 두 가지 반대되는 동사가 들어 있는데요, 바로 '밀다(push)'와 '당기다(pull)'입니다. 인간관계에서 상대에 대해서 '밀어내는' 행위는 그 관계에 일부러 거리를 두는 것을 비유적으로 나타내고요. '당기다'는 반대로 상대방을 내 쪽으로 이끌어오는 것이니까 관계를 더욱 친밀하게 만들기 위해 잘 대해주는 것을 비유할 수 있습니다. 따라서 '밀당'이라는 말에는 관계에 있어서 일부러 거리를 두는 행위와 반대로 더 밀접하게 친밀해지려는 행위, 이 두 가지 행위가 다 포함되는데요, 즉 '밀당'이란, 연인이나 부부, 또는 경쟁 관계에 있는 두 사람이나 기관 사이에 벌어지는 미묘한 심리 싸움을 밀고 당기는 줄다리기에 비유하여 이르는 말이라고 할 수 있습니다.

이어서 알아볼 단어는 바로 '절친'입니다. '절친'이란 '절친한 친구'를 줄여 이르는 말로, 축약어인데요. 말 그대로 더할 나위 없이 친한 친구를 일컫는 말입니다. '절친'이라는 말과 유사한 것으로 '찐친'이라는 말도 있습니다. 이때 '찐'은 우리가 앞서 형태적 신어를 배울 때 배운 적이 있는데요. 바로 '찐'은 '진'을 음운론적으로 변형시켜 만든 접두사로, '진짜로, 참된'의 의미를 강조하여 더해주는 역할을 한다고 하였지요. 따라서 '찐친'도 '절친'과 마찬가지로 아주 친한 친구를 나타내는 단어입니다.

그런데 이렇게 가장 친한 친구, 영어로는 '베스트 프렌드(Best friend)'라고 하지요? 이 영어 표현을 차용한 다음에 각 어절의 두음 절만 따서 만든 축약어로 '베프'라는 말도 있습니다. 그 의미도 영어의 베스트 프렌드라는 표현과 다르지 않게, 가장 친한 친구를 일컫습니다.

이렇게 '절친, 찐친, 베프' 등의 단어들이 모두 친한 친구를 나타내는 신어들인데요, 친한 친구를 나타내는 단어가 무척 많은 것을 알 수 있습니다. 그런데 이렇게 친한 친구를 나타내는 말이 많은 것은 비단 신어만이 가지는 특징은 아니라고 할 수 있습니다. 애초에 '친구'라는 단어도 '가깝게 오래 사귄 사람'을 나타내는 말이고요, 그 밖에도 '벗, 단짝, 죽마고우' 같은 말들이 모두 친하게 가까이 지내며 우정을 나누는 상대를 일컫는 단어들입니다.

이제까지 살펴본 단어들은 보통 인간관계 중에서도 일대일 관계와 관련된 상황에서 주로 사용되는 단어들이었는데요. 다수의 구성원이 있는 집단 안에서의 인간관계와 관련된 신어들도 몇 가지 알아보겠습니다.

그 단어들은 지금 보시는 이 단어들입니다.

예 인싸

예 핵인싸

예 아싸

먼저 '인싸'는 영어 단어 'insider'에서 온 것으로, 각종 행사나 모임에 적극적으로 참여하면서 사람들과 잘 어울려 지내는 사람을 이르는 말입니다. '핵인싸'도 있는데요, '핵인싸'는 '인싸'에 접두사 '핵'을 덧붙인 것입니다. 이렇게 접두사화되어서 여러 명사와 결합하여 신어를 만드는 데 참여하고 있는 '핵'에 대해서는 앞에서 이미 공부했던 적이 있지요? 그래서 여러분들도 '핵인싸'의 의미를 떠올려볼 수 있으실 텐데요. 맞습니다, '핵인싸'는 인싸 중에서도 엄청난 인싸, 즉 '인싸 중의 인싸'를 나타내는 말입니다.

다음 단어인 '아싸'는 '인싸'와는 반대되는 뜻을 가지고 있습니다. 이 말은 영어의 'outsider'에서 온 것으로, 집단의 핵심부와는 다소 떨어져 있어 큰 영향력을 행사하지 않는, 주변인을 가리키는 것입니다. '아웃사이더'를 '아싸'라고 발음하고 표기하는 것이 재미있는데요, '아웃사이더'를 빠르게 발음하면서 다소 변형한 형태로 표기한 것으로 볼 수 있습니다. 사실 한국어 감탄사 중에 주로 기분이 좋을 때 하는 말로 '앗싸'라는 말이 있는데요, 이렇게 새로운 단어를 만들어 낼 때, 언중은 그 어휘부에 저장되어 있는 기존 단어와 유사한 쪽으로 이끌리는 경향이 나타나기도 합니다.

이렇게 해서 이번에는 사회생활 범주의 첫 번째 유형이죠, 인간관계와 관련된 신어들에 대해서 알아보았습니다. 다음에는 사회적 활동을 나타내는 신어로 초점을 옮겨가 보도록 하겠습니다.

03.
사회적 활동을 나타내는 신어

    이번 9장에서는 사회생활 의미 범주에 속하는 신어들에 대해서 공부하고 있습니다. 여기에서는 사회생활 의미 범주에 속하는 단어들 중에서도 두 번째 유형인 사회적 활동을 나타내는 신어들에 대해서 공부해 보도록 하겠습니다. 그럼 이번에도 역시 예능 프로그램에 어떤 신어가 나왔는지를 먼저 함께 확인해 보겠습니다.

K-예능에서 신어 만나기

'신서유기'라는 예능 프로그램의 한 장면. 이 프로그램은 평소에는 무척 긴 시간 동안 녹화가 이루어졌던 모양인데요, 한 에피소드에서는 예상했던 것과는 달리 녹화가 일찍 끝나게 되어서 모두들 일찍 일을 마치고 집에 가게 된 상황이 나옵니다. 이때 출연자들이 촬영장을 떠나는 장면에서 자막으로 등장한 단어가 바로 오늘 배울 신어인데요, '칼퇴'라는 단어였습니다.

    '칼퇴'는 '칼퇴근'에서 만들어진 절단어입니다. '칼

퇴근'에서 '퇴근'이라는 단어 앞에 붙은 '칼'은 원래는 '칼 같다'라는 표현에서 온 것으로, 무엇이 마치 칼로 자른 것처럼 정확히 맞추어진 모양을 비유적으로 나타내는 것입니다. 여기에서 온 말 중에 '칼각을 맞추다'라는 표현이 있는데, 이것은 각도를 정확하게 맞춘다는 뜻입니다. 그렇다면 '칼퇴'에서 '칼'은 무엇을 정확히 맞추었다는 의미일까요? 그것은 바로 시간을 정확하게 맞춘다는 것입니다. 즉 '칼퇴'는 퇴근 시간이 되자마자 조금도 지체 없이 바로 퇴근하는 것을 의미하는 것이지요.

사실 기존의 한국 직장 문화에서는 칼퇴를 하면 회사에 대한 애정이 없거나 일을 소홀히 하는 직원이라는 식의 고정관념이 있었는데요. 그래서 퇴근 시간이 지났는데도 불구하고 마음대로 퇴근하지 못하고 상사의 눈치를 보면서 야근을 하는 것이 당연하게 받아들여지는 문화가 있었습니다.

그런데 우리가 앞서서 일상생활 범주의 신어를 통해서도 알아보았던 것처럼, 개인주의적 가치관이 심화됨에 따라서 개인들이 '워라밸'을 추구하는 문화가 널리 확산되고, 이에 따라서 야근을 당연시하던 직장 문화도 점차 사라지게 되었는데요. 이러한 사회의 변화를 반영하면서 '칼퇴'라는 단어도 널리 사용되게 되었습니다.

다음으로 알아볼 단어는 '칼퇴하다'와 마찬가지로 직업과 관련된 말인데요, 바로 '열일하다'입니다. '열일하다'는 '열심히 일하다'를 줄여서 만든 말로, 축약어인데요. 회사에 있는 동안에는 열일하고 퇴근 시간이 되면 칼퇴하는 문화를 선호하는 직장인들이 점점 더 많아지고 있습니다.

K-예능과 새로운 우리말

그런데 만일 여러분이 학생이라면 이 '열일하다'라는 단어보다 더 적합한 말이 따로 있습니다. 바로 '열공하다'인데요. '열일하다'가 '열심히 일하다'를 줄여 만든 말이라고 말씀드렸지요? 그렇다면 '열공하다'는 무엇을 줄인 말일까요? 네, 맞습니다. 바로 '열심히 공부하다'입니다.

이렇게 '칼퇴하다, 열일하다, 열공하다'처럼 사회적 활동과 관련된 동사들을 공부해 보았는데요, 주로 직업이나 전문 분야와 관련되어서 어떠한 사람을 나타내는 신어들도 추가로 알아보려고 합니다.

여기에서 소개해 드릴 단어는 바로 '엔잡러'와 '괴물'이 있는데요. 이 단어들은 어떠한 특징을 가지는 사람을 나타내는 단어이기 때문에 우리가 앞서서 이미 공부한 적이 있는 '사람' 의미 범주에도 동시에 속할 수 있는 단어들이기도 합니다.

우선 '엔잡러'는 여러 개의 직업을 동시에 가지고 있는 사람을 나타냅니다. 이 단어의 구성이 좀 특이한데요. 우선 제일 앞에 있는 '엔'은 알파벳 'N'으로, 정해져 있지 않은 숫자를 의미합니다. 그리고 '잡'은 영어에서 직업을 나타내는 단어인 'job'을 음차한 것이고요, 제일 마지막에 있는 '러'는 앞서서 배운 적이 있지요? 영어에서 차용되어서 마치 접미사처럼 사용되면서 어떠한 사람을 나타내는 표현입니다.

따라서 '엔잡러'는 '몇 개라고 정해져 있지 않은 수의 직업을 가지고 활동하는 사람'이라고 할 수 있겠는데요. 우리가 일반적으로 개수로 인식할 수 있는 수 중에서는 1을 제외하고는 모두 복수니까, 엔잡러라고 하면 보통 복수의, 즉 여러 개의 직업을 가지고 있는 사람을 나타내게 됩니다. 과거에는 보통 한 사람은 하나의 직업만을 갖는 것이 일반적이었는데요, 사회가 더 복잡해지고 직업이 다양해지면서 한꺼번에 여러 개의 직업을 가지고 경제 활동을 하는 사람들이 늘어나게 되었고, 그러한 사회적 현상을 반영하여 이러한 신어가 출현하게 되었습니다.

다음으로 '괴물'이라는 말은 의미적 신어입니다. 이 말은 원래는 괴상한 물체나 괴상한 사람을 일컫는 말인데요. 의미적 신어로 사용될 때의 '괴물'은, 주로 예술계나 체육계 등에서 매우 뛰어난 기량의 활약을 보이는 사람을 비유적으로 나타낼 때 사용됩니다. 마치 인간이 가진 능력의 한계를 벗어난 것처럼 잘한다는 뜻으로 그 사람의 능력을 과장해서 표현하는 것인데요. 이러한 '괴물'이 주로 사용되는 표현들로는 '괴물 신인', '괴물 투수' 같은 것들이 있습니다.

이렇게 해서 사회적 활동과 관련되는 의미를 나타내는 신어들을 구체적으로 알아보았습니다. 이어지는 강의에서는 사회생활 의미 범주의 세부 유형 중에서 마지막 유형이지요, 바로 언어 활동 및 의사소통을 나타내는 유형에 속하는 신어들에 대해서 공부하도록 하겠습니다.

04.
언어 활동 및 의사소통을 나타내는 신어

이번에는 사회생활 의미 범주의 세부 유형 중에서 마지막 세 번째 유형의 신어들을 공부하려고 합니다. 바로 언어 활동, 그리고 의사소통을 나타내는 신어들입니다. 그럼 이번에도 역시 마찬가지로 예능 프로그램을 통해서 우리가 공부할 신어의 예시를 만나보도록 하겠습니다.

K-예능에서 신어 만나기

'신서유기'라는 예능 프로그램의 한 장면. 출연자들이 맛있는 음식을 걸고 게임을 하고 있는 장면입니다. 사진에 제시된 유명인의 이름을 아주 빠른 시간 안에 맞추면 되는 게임입니다. 그런데 게임을 시작하자마자 첫 번째 문제에서부터 퀴즈를 맞추는 데 실패하고 말았지요. 이렇게 되자 나머지 사람들이 차마 아무런 말도 하지 못하고 있습니다. 아마도 무척 당황하거나 실망해서, 또는 크게 낙담되는 상황에서 무슨 말을 해야 할지 적당한 말을 떠올리지 못하고 있는 상황인 것 같은데요. 이럴 때 쓰는 말이 바로 '말잇못'입니다.

'말잇못'은 바로 '말을 잇지 못하다'를 줄여 이르는 것으로, 차마 어떤 말이 잘 안 나올 정도로 놀라거나 감동했거나 슬프거나 당황하는 등, 어떤 감정이 심하게 느껴져서 할 말을 잃어버리는 상황에서 쓰입니다. 이렇게 '말잇못'과 같이 우리의 언어를 통한 의사소통 상황과 관련되는 범주에 속하는 신어들을 몇 개 더 소개해 보겠습니다.

먼저 '말잇못'과 마찬가지로 말을 하지 못하거나 하지 않는 것과 관련된 또 다른 신어의 사례로 '할말하않'을 들 수 있습니다. '할말하않'은 '할 말은 많지만 하지 않겠다'를 줄여 이르는 말인데요, 우리는 언제 할 말이 많은데도 불구하고 그 많은 할 말들을 하지 않을까요? 뭐, 여러 가지 상황을 생각해 볼 수 있겠는데요. 하나 하나 다 설명하기에 너무 복잡한 상황이거나, 다 말해 봤자 해결되지 않는 상황이거나, 다 말하는 것이 스스로 구차하게 느껴지는 상황이거나, 또는, 굳이 말하지 않아도 청자가 화자의 의도를 다 이해할 것이라고 가정할 수 있는 상황 등등, 아주 다양한 경우를 생각해 볼 수 있겠습니다. 이렇게 다양한 상황에서 굳이 말하지 않겠다는 것을 줄여서 말할 때 '할말하않'이라는 표현을 사용하게 되는데요. 비록 화자는 '말하지 않겠다'는 표현을 하고 있지만, 사실은 실제로 아무 말도 하지 않는 것과 '할말하않'이라는 말을 하는 것 사이에는 차이가 있지요. 화자가 '할말하않'이라는 말을 한다면, 청자로 하여금 '내가 할 말이 없어서 안 하는 게 아니라, 할 말이 많은데도 불구하고 안 하고 참는 거야'라는 상황을 인식하도록 하는 것입니다.

이렇게 '말'과 관련된 신어 중에 또 다른 예시로는 '아무말대잔치'가 있습니다. '아무말대잔치'는 '맥락과 관련 없이 아무렇게나 말함,

K-예능과 새로운 우리말

또는 그런 말'을 나타내는 신어인데요. '아무말대잔치'의 '아무말'은 '아무렇게나 하는 말'이라는 것을 줄여서 만든 부분이라는 것을 알 수 있지요. 그렇다면 '대잔치'는 과연 왜 붙었을까요?

'대잔치'는 한자 클 대(大)자를 써서 '큰 잔치'라는 말입니다. 여러분이 큰 잔치에 갔다고 생각해 보세요. 거기에는 어떤 특징이 있을까요? 일단 맛있는 음식이 많습니다. 그리고 사람들도 매우 많습니다. 그리고 여러 가지 즐길거리나 놀거리도 많이 있겠지요. 이렇게 큰잔치는 무엇이 무척 많고 풍성하다는 특징을 가지고 있고요, 또 다른 특징으로는 바로 잔치는 아무래도 다 같이 놀면서 즐기는 자리이다 보니까 엄격한 규칙이나 통제가 존재하지 않는다는 점을 꼽을 수 있겠습니다. 이렇게 볼 때, '아무말', 즉 '아무렇게나 하는 말'이 한 번만 나오는 게 아니라, 반복적으로, 많이 등장하고 그 과정에서 문맥에 맞는 말을 해야 한다거나 상황에 적합한 말을 해야 한다거나 하는 식의 어떤 대화의 규칙이 지켜지지 않는 상황을 '큰잔치', 즉 '대잔치'로 비유해서 표현한 '아무말대잔치'가 전달하는 의미에서 풍기는 느낌을 잘 이해할 수 있겠습니다.

다음으로 살펴볼 신어는 바로 '뜬금포'입니다. 이 '뜬금포'는 방금 말씀드렸던 신어, '아무말대잔치'와도 어느 정도 관련이 있는데요. '뜬금포'는 바로 '갑작스럽고도 엉뚱하게 일어난 상황. 또는 그 상황에서 하는 말'을 나타냅니다. 이 단어의 구성 요소들도 재미있는데요. '뜬금'은 '뜬금없다'에서 따온 것으로, '뜬금없다'라는 형용사는 '갑작스럽고도 엉뚱하다'는 의미입니다. 즉 상황이나 맥락에 맞지 않고 갑작스러운 것을 나타내는 것입니다. 그리고 '뜬금포'의 '포'는 바로 '대포'나 '포탄' 등의 단어에 들어가 있는 한자어인 '포(砲)'에서 온 것으로 생각되는데요. 상황과 전혀 관계없이 뜬금없는 말이 마치 대포가 갑작스럽게 날아들 듯이 갑자기 튀어나왔을 때, 이것을 갑자기 날아든 대포알에 비유해서 '뜬금포'라는 단어가 만들어지게 된 것입니다.

이제까지는 주로 구어를 통한 의사소통 상황과 관련되는 신어들을 살펴보았는데요. 이번에는 온라인 매체를 통한 의사소통 상황과 관련되는 신어를 하나 소개해 보려고 합니다.

바로 '읽씹'입니다. '읽씹'은 '읽고 씹다'에서 온 축약어인데요. 문자 메시지나 온라인 메시지 등을 읽고 나서 답하지 않는 것을 뜻합니다. '읽고 씹다'의 구성 요소 중에서 두 번째에 나타나는 '씹다'는 그 자체로도 신어 중 하나인데요, 의미적 신어입니다. 기존의 의미는 음식물 등을 입에 넣고 이를 사용하여 잘게 부수거나 자르는 행위를 나타내는 것인데요. 이 단어가 의미적 신어로 사용될 때에는 '남의 말을 못 들은 체하거나 문자 메시지 따위에 답하지 아니하다'라는 의미를 가집니다.

다양한 메신저 애플리케이션이 발달하면서 우리는 상당히 많은 의사소통을 문자메시지의 형태로 하게 되었는데요. 이러한 문자 언어를 통한 온라인 의사소통 상황에서 상대방의 메시지를 확인하기는 했는데, 그 이후에 아무런 응답이나 반응을 하지 않는 행위를 바로 '읽씹'이라고 합니다. 별로 예의있는 행동은 아니라고 할 수 있겠지요.

이렇게 해서 사회생활과 관련된 단어들 중에서도 언어 활동 및 의사소통을 나타내는 신어들에 대해서 공부해 보았습니다. 이번에도 역시 재미있는 신어들이 많이 있었지요? 이러한 신어들을 공부하는 것이 재미있는 이유는 무엇보다도 신어들을 통해서 동시대 사회의 특징과 문화적 현상들을 더 깊이 이해할 수 있기 때문이 아닐까 합니다. 그렇다면 이러한 사회생활 의미 범주의 신어들을 통해서 한국의 사회와 문화의 변화에 대해서 무엇을 알 수 있을까요? 이 문제에 대한 해답은 다음 강의에서 고민해 보도록 하겠습니다.

05.
사회생활 신어가 보여주는 사실들

이번 9장에서는 사회생활 관련 신어들을 공부하고 있습니다. 9장을 마무리하면서 이러한 신어들을 통해서 우리가 발견할 수 있는 몇 가지 사실들에 대해서 알아보도록 하겠습니다.

우선 첫 번째로 언급할 한국의 사회적, 문화적 현상은 바로 전통적인 규율의 해체 또는 약화입니다. 앞서서 배웠던 신어들 중에서 이러한 사회적·문화적 현상을 대변해 주는 것으로 생각해 볼 수 있는 신어들로는 다음과 같은 것들이 있습니다.

> **예** 자만추, 칼퇴, 아무말대잔치, 읽씹, 잠수

전통적인 집단주의적인 가치체계가 자리잡고 있던 기존의 한국 사회에서는 남자와 여자가 만나서 결혼이라는 테두리 안에서 가정을 꾸리는 것이 아주 당연한 것으로 간주되었습니다. 그래서 배우자가 될 사람을 만나지 못해서 결혼하지 못하는 것은 그 사람의 큰 흠결로까지 인식되기도 하였는데요, 이렇게 결혼에 대한 압박, 그리고 그와 비슷하게

K-예능과 새로운 우리말

연애할 것에 대한 압박이 알게 모르게 작용하는 사회였기 때문에 보통 사람들은 결혼할 나이가 되면 적당한 사람을 소개받아서 데이트를 하고 나아가서 결혼을 하게 되는 것이 일반적이었습니다. 그런데 이러한 것을 부자연스러운 것으로 여기거나 더 나아가서 거추장스러운 것으로까지 여기는 사회적인 분위기가 생기기 시작하였는데요, 이러한 사회적 분위기가 확산되면서 '자만추'라는 단어가 생기게 된 것으로 보입니다.

이렇게 '자만추'는 결혼이나 연애를 당연한 것으로 여기던 전통적 규율이 느슨해진 것과 관련된다면, '칼퇴'는 직장 안에 뿌리내려 있던 전통적인 집단주의 문화의 속박이 느슨해진 것을 보여줍니다. 지난번 강의에서 설명했던 것처럼, 과거 한국의 직장 문화는 다같이 야근하는 것을 당연시하던 문화였는데요. 그러나 특히 젊은 세대들을 중심으로 직장에서의 성공보다는 풍성한 개인적 삶을 누리는 것을 추구하는 문화가 확산되면서 칼퇴하는 문화가 생겨나게 된 것을 알 수 있겠습니다.

다른 한편으로, '아무말대잔치'를 통해서는 전통적인 언어 규범 역시 약화되고 있는 것을 보여줍니다. 대화 상황에서 어떤 화자가 맥락이나 상황과 전혀 맞지 않는 말을 아무렇게나 마구 했을 때, 전통적인 언어 규범적 시각에서는 그것을 당연히 매우 부정적인 것으로 평가했을 것입니다. 그러나 '아무말대잔치'에는 그것에 대한 부정적인 인식이 전혀 담겨 있지 않고요, 오히려 맥락과 상관없는 말이 쏟아지는 그 상황을 마치 잔치와 같이 웃기고 즐거운 것으로 긍정하는 인식이 표현됩니다.

그런데 이처럼 전통적인 규율이 해체되거나 약화되는 것이 꼭 긍정적인 면만 있는 것은 아닐 수도 있겠는데요. '읽씹'이나 '잠수'와 같은 표현을 통해서 그것을 확인할 수 있습니다. 읽씹이나 잠수는 사

9장. 의미 범주별 신어 (3) : 사회생활

실 상대방을 배려하지 않는 행동이라고 볼 수 있겠지요. 인간관계 속에서 예의를 중시하는 전통적인 가치관 속에서 좋은 점들은 현대 사회에서도 계속해서 지켜나갈 필요도 없지 않겠다는 생각도 해 볼 수 있겠습니다.

두 번째로 다룰 한국의 사회적·문화적 현상은 경쟁의 격화와 능력주의의 대두입니다. 현대의 한국 사회는 세계적으로도 유례없이 빠른 속도로 경제 발전을 이루었는데요, 많은 사람들이 이것이 가능했던 이유로 한국의 우수한 인적 자원을 꼽습니다. 그만큼 한국 사람들은 근면하고 성실하며 투지를 가지고 일하는 특성을 가지고 있는 것으로도 볼 수 있겠는데요. 이러한 이면에는 바로 사람들 사이의 경쟁의 격화와 그로 인해 스트레스 지수가 높은 사회적 부작용도 자리잡고 있는 것이 사실입니다. 이렇게 경쟁이 심해지면서 나타나는 특징 중 하나는 바로 능력주의의 대두를 들 수 있습니다. 능력주의는 경쟁에서 이길 수 있을 만한 충분한 능력을 갖추는 것을 인생에서 최고의 가치로 여기는 것인데요. 이것이 심화되면 능력이 부족하다고 여겨지는 사람들이 사회적 약자로 살아가게 되거나 어떤 차별이나 불이익을 당하게 될 때, 그것을 당연하다고 여기게 되는 폐해를 낳을 수도 있다는 점을 많은 전문가들은 이야기합니다.

이러한 경쟁 사회로서의 한국 사회의 특징을 잘 보여주는 신어들로는 다음과 같은 단어들의 예를 들 수 있겠습니다.

> **예** 열일, 열공, 인싸, 아싸, 괴물

한국이 워낙 경쟁이 치열한 사회다 보니 많은 학생들은 입시 경쟁에서 승리하기 위해서, 사회인들은 자신의 커리어 영역에서 경쟁자들을 물리치고 더 성공하기 위해서 매우 열심히 살아갑니다. 이처럼 '열심히'라는 말이 담고 있는 정신을 강조하고 있는 사회이기 때문에 학생들은 '열공'을 하고 직업인들은 '열일'을 할 수밖에 없는 측면이 있는 것이지요.

'인싸'와 '아싸'는 인간관계 안에서 사용되는 말들이기 때문에 이러한 사회적 현상과는 무관해 보일 수도 있겠는데요. 그러나 이 단어들 역시 다른 사람들과 관계를 맺고 교류하는 사교의 장에 있어서까지 경쟁의식이 나타나는 모습을 잘 보여주고 있는 측면이 있습니다. 여러 명의 무리 가운데서 그 집단 안에서 행사할 수 있는 영향력이나 인기의 크기 같은 것들을 기준으로 삼아서 사람들 사이의 계급을 나누고 누구는 인싸로, 누구는 아싸로 규정짓는 모습을 나타내기 때문에 그렇습니다.

한편, '괴물'이라는 단어를 통해서는 능력주의를 추구하는 모습을 엿볼 수 있는데요. 평범한 사람은 범접할 수 없을 만큼 뛰어난 수준의 능력을 가진 사람들을 마치 인간과는 다른 종류의 어떤 생명체인 것처럼 부르면서 칭송하는 세태를 이 단어의 의미적 확장을 통해서 목격할 수 있습니다.

이렇게 해서 9장에서는 의미 범주별 신어 중에서 마지막 세 번째로 사회생활 의미 범주에 속하는 신어들을 구체적으로 알아보고, 그 신어들을 통해서 엿볼 수 있는 한국의 사회적·문화적 현상들에 대해서 짚어보았습니다. 이렇게 해서 의미 범주별로 신어를 살펴보는 작업은 모두 마치게 되었습니다. 마지막 10장에서는 '사회적 배경과 신어'라는 주제를 다루어 보겠습니다.

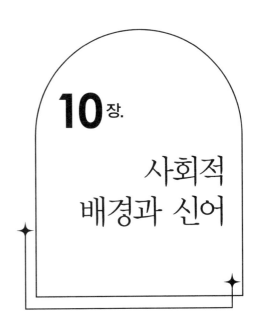

10장.

사회적
배경과 신어

10장.
사회적 배경과 신어

01.
사회·문화 안의 언어

이제까지 우리는 계속해서 케이 예능 속에 나타나는 신어의 예시들을 통해서 한국어 단어 중에서도 신어에 대한 우리의 궁금증을 해결해 왔습니다. 전반부에는 신어가 형성되는 여러 기제를 바탕으로 하되 특히 형태론적 기제와 의미론적 기제에 초점을 맞추어 신어들을 구분하여 살펴보았고요, 후반부에는 단어가 나타내는 의미 범주를 중심으로 해서 인간, 일상생활, 사회생활이라는 의미 범주로 묶어서 각각에 해당되는 신어들을 구체적으로 공부해 보았습니다.

이번 10장은 우리 책의 마지막 장인 만큼, 앞에서 공부한 내용들을 마무리해 보려고 하는데요. 특히 신어는 언어 요소들 중에서도 사회적 배경과 변화에 가장 민감하게 반응하는 부분이라는 특성이 있기 때문에, 한국 사회의 실제 역사적 배경이나 변화와 해당 시기에 나타난 신어들의 면면을 함께 고찰해 보고자 합니다.

먼저 이번 강의에서는 사회적, 문화적 배경과 언어 사이의 관계에 대해서 개관적인 설명을 하려고 합니다. 언어 중에서도 특히 신어는 어떤 언어 문화권의 사회적, 문화적 배경을 반영해서 나타나기 때문에, 우리는 한국어 신어에 대한 연구를 통해서 한국의 사회적·문화적 현실을 들여다볼 수 있게 된다는 말씀은 1장에서 이미 드린 바가 있습니다.

그런데 이러한 신어도 크게 보면 어휘에 속하는 것이지요. 한 언어의 체계는 문법 요소와 어휘 요소, 그리고 음운 요소가 있다고 볼 때, 이 어휘는 문법 요소나 음운 요소에 비해서 사회적·문화적 배경에 크게 영향을 받고 또 영향을 미치는 특성을 가지고 있습니다.

이러한 점은 언어상대성가설(Linguistic relativity hypothesis)을 통해서 설명해 볼 수 있습니다. '언어상대성가설'이란, 사용하는 언어가 다르면 그에 대응하여 사고방식이나 사고관도 다르다는 가설인데요. 그에 대한 예시로 자주 거론되는 것이 바로 색채어와 친족어에 나타나는 언어문화권들 사이의 차이입니다.

우선 색채어의 경우를 살펴보면, 사실 색채의 스펙트럼은 원래는 경계가 없는 물리적 연속체이지만, 언어에 따라 범주화가 다르게 나타나는 것을 알 수 있습니다. 우리 인간이 외부 세계를 어떻게 인식하느냐는 어떻게 어휘가 만들어져 있는가를 통해서 알 수 있고, 반대로 어디서부터 어디까지가 어휘로 만들어져 있는지를 통해서, 즉 이미 만들어져 사용되고 있는 어휘 체계를 통해서 인간은 외부 세계를 인식하기도 합니다.

예를 들어서, 무지개는 사실 여러 가지 색채가 펼쳐져 있는 스펙트럼이지요, 그런데 우리는 이것을 '빨주노초파남보'라고, 즉 7가지의 색깔로 구분되어 있는 것처럼 인식합니다. '빨강'과 '주황'의 색채는 각각 그것을 나타내는 개별 단어로 어휘화되어 있지만 빨간색과 주황색의 사이에 있는 중간적인 수많은 색채들은 그것을 지칭할 수 있는 어휘가 만들어져 있지 못하지요. 이렇게 인간의 어휘가 나타내는 의미는 사실 외부 세계, 즉 언어 밖의 실제 세계의 여러 가지 사물이나 개념들을 아주 대단히 면밀하고 정확하게 가리키고 있는 것은 아닙니다. 이것을 단어 의미의 모호성(vagueness)이라고 부릅니다. 개별 단어의 의미가 모호하다는 것은 바꿔 말하면 서로 다른 사회마다, 혹은 문화권마다, 동일한 외부 세계에 대해서도 다양하고 상이한 어휘 체계를 가질 수 있다는 뜻이기도 합니다.

한국어	영어
푸르다	green
	blue
	grey
	brown

이 표를 보시면, 한국어의 고유어 계열 단어를 볼 때 'green'과 'blue'를 통칭하여 '푸르다'라고 합니다. 물론 한자어로 '녹색'이라는 단어를 차용하여서 현대어에서는 '파란색'과 '녹색'을 구분하여 쓰기도 하지만, 현재까지도 신호등의 녹색불을 파란불이라고 부르는 것을 볼 수 있는 것처럼, 전통적으로 한국의 언어문화권에서는 'green'과 'blue'를 크게 아울러서 개념화하곤 하였습니다.

그리고 고유어 계열의 단어를 보면 'grey'나 'brown'을 나타내는 단어는 비어 있는데요, 한자어를 차용하여 'grey'는 '회색', 'brown'은 '갈색'이라고 부르고 있지만 고유어 계열로만 보면 이러한 색채를 나타내는 단어들 자체가 어휘화되지 못하고 있는 것을 알 수 있습니다. 이처럼 어떠한 개념을 나타내는 어휘가 만들어지지 않고 빈자리로 남아 있을 때, 이것을 '어휘 공백(lexical gap)'이라고 부릅니다.

그렇다면 한국어의 색채어는 다른 나라의 언어에 비해서 단순한 체계를 가지고 있다고 볼 수 있을까요? 지금까지 한 설명만 보면 그런 것 같지만, 더 자세히 알아보면 실은 그렇지 않습니다.

사전에 등재되어 있는 '푸르다' 계열의 단어를 찾아보면 무수히 많은 단어들이 있는 것을 알 수 있는데요. '푸르께하다, 푸르데데하다, 푸르뎅뎅하다, 푸르레하다, 푸르무레하다, 푸르스레하다, 푸르스름하다, 푸르싱싱하다, 푸르죽죽하다, 푸르퉁퉁하다' 등이 모두 사전에 등재되어 있는 '푸르다' 계열의 단어들입니다. 이 단어들은 모두 푸르긴 푸른데, 어떠한 느낌으로, 얼마나 푸른지를 다양하게 나타내고 있는데요. 이처럼 색채를 표현할 때 단순히 객관적인 색채 그 자체만을 표현하는 것이 아니라 그 색채가 주는 주관적인 느낌까지 다양하게 어휘 요소에 반영하고 있는 것이 한국어 색채어가 가지는 언어 문화적인 특징 중 하나라고 볼 수 있겠습니다.

한편 친족어를 살펴볼 때에도 언어 간의 차이를 발견할 수 있는데요. 친족 중에서도 동기간을 구분하는 단어들을 보면 언어문화권마다의 차이가 보입니다. 한국어나 중국어에서는 동기간을 부르는 단어를 성별로 구분할 뿐만 아니라 나이의 많고 적음에 따라서 또 구분합니다. 그래서 영어로는 'brother'로 통칭되는 것이 한국어에서는 '형, 오빠, 남동생'으로 구분되어 있고요, 마찬가지로 영어로는 'sister'로 통칭되는 것이 한국어에서는 '언니, 누나, 여동생'으로 구분되어 있습니다.

전통적으로 혈연관계를 중시하고 그 안에서도 나이에 따른 지위나 권력 관계의 차등적 구분을 당연한 것으로 받아들여왔던 전통적인 한국 사회의 가치관이 이러한 언어적인 특성을 통해서 드러난다고 볼 수 있겠습니다.

이렇게 친족어와 색채어의 예시를 통해서 문화권에 따라서 동일한 외부 세계의 실제 사물이나 개념을 서로 다른 방식으로 개념화, 어휘화함에 따라서 언어와 문화가 서로 영향을 주고 받는 사례를 살펴보았습니다. 이렇게 언어의 모습이 그 사회와 문화의 특성을 반영한다는 점을 생각해 볼 때, 우리는 한국어, 그중에서도 특히 가장 트렌디한 언어 요소라고 볼 수 있는 신어를 통해서 해당 신어가 나타나고 널리 사용된 시기의 한국 사회의 모습을 되돌아볼 수 있을 것입니다.

따라서 다음 강의에서부터는 한국 사회의 구체적인 변화의 시기

K-예능과 새로운 우리말

마다 어떠한 신어가 출현하고 사용되었는지를, 그 시대적인 배경과 함께 알아보려고 하는데요. 구체적으로 보면 개화기, 새천년 시기, 그리고 팬데믹 시기로 나누어서 공부해 보겠습니다.

02.
개화기의 신어

　이번 강의에서는 한국의 중요한 역사적 시기별로 신어를 알아볼 텐데요, 그중에서도 먼저 개화기의 신어에 대해서 알아보겠습니다. 한국의 역사에서 개화기를 언제부터 언제까지로 잡을 것인가에 대해서는 여러 가지 논의가 있지만, 우리 책에서는 19세기 후반에서부터 20세기 초반까지의 시기로 설정하고, 이 당시의 언어 자료를 검토한 선행 연구들을 참고해서 개화기 시기의 신어들을 살펴보도록 하겠습니다.

　개화기는 당대의 신문물이 한반도에 유례없이 급격하게 들어온 대표적인 시기로, 개항기(開港期), 최근세기 또는 한국 근대 초기 등으로 부르기도 합니다. 개항기라는 말로도 짐작할 수 있는 것처럼, 이 시기에는 정치, 경제, 사회, 문화, 산업, 교육 등의 전문적 영역뿐만 아니라 일상적인 영역에 이르기까지 서구의 다양한 문물과 개념들이 물밀 듯이 쏟아져 들어왔다는 점이 가장 큰 특징이라고 볼 수 있습니다. 그리고 우리가 1장에서도 이미 배웠던 것처럼, 새로운 문물이나 개념이 들어올 때 바로 이에

K-예능과 새로운 우리말

대응되는 많은 신어들이 새로 생겨나거나 외래에서 문물과 함께 차용되어 한국의 언어 체계 안에서 사용되는 일들이 활발하게 일어납니다. 따라서 개화기 시기에도 한국어에는 수많은 신어들이 새롭게 생성되거나 외래어들이 많이 차용되었던 것을 이 시기의 문헌들을 통해서 확인해 볼 수 있습니다.

그렇다면 개화기 시기의 신어들에는 어떤 특징이 있을까요?

첫 번째로는 일본식 한자어가 다량으로 사용되었다는 것입니다. 이 시기가 되기 전까지 한국은 주로 중국의 영향을 많이 받았는데요. 그래서 이 개화기 시기에 있었던 한국의 왕조인 조선 시대에는 주로 중국에서 들여온 한자어가 많이 사용되었습니다. 그런데 이 개화기 시기에는 일본이 제국주의적 팽창을 하면서 조선에서도 영향력을 확장해 나가고 있었는데요, 그러다 보니까 많은 일본식 한자어들이 유입되어 신어로 정착하게 됩니다.

실례로 1910년 이후에 나타난 일본어식 한자어의 예시로는 '세관(稅關), 기선(汽船), 토요일(土曜日)' 등을 들 수 있는데요. 이 단어들은 현재까지도 한국어 어휘 체계 내에 뿌리내려서 활발히 사용되고 있습니다. 그런데 이 단어들에 해당되는 것들은 사실 개화 초기까지만 해도 모두 중국어계 한자어인 다른 단어들이 통용되고 있었는데요. '세관' 대신에 '해관(海關)'이 사용되었고요, '기선' 대신에 '화륜선(火輪船)', '토요일' 대신에 '반공일(半空日)' 등이 사용되었었다고 합니다. 중국어계 한자어가 일본어계 한자어로 대체되는 과정을 통해서 이 시기에 한반도에 일본의 영향력이 확장되고 있었던 모습을 목격할 수 있습니다.

이 시기 신어들을 통해서 알 수 있는 특징 중 두 번째는 바로 영어계 외래어가 쏟아져 들어오기 시작하였다는 것입니다. 특히 한국의 경우 근대화가 진행되는 과정에서 일제강점기가 겹치면서 우리의 고유어로 신어를 창조해서 쓰기보다는 앞서 살펴보았던 일본식 한자어를 쓰거나 아니면 서구의 외국어를 그대로 들여와서 쓰는 경우가 많을 수밖에 없었습니다.

이 당시 들어왔던 외래어, 특히 영어를 차용한 경우에 해당되는 신어는 무척이나 많아서 그 예시를 다 들기는 어렵지만 몇 가지만 소개해 보려고 합니다.

먼저 이 시기에 이미 차용이 확인되는 영어계 외래어 중에는 '스파이(spy), 사인(sign), 에세이(essay), 유니폼(uniform), 하모니(harmony), 멤버(member)' 등의 신어들도 확인되는데요. 이 단어들은 현재에도 한국어 사전에 등재되어 있어 한국어 체계 안에서 위상이 굳건한 외래어들로 남아 있습니다.

그리고 이 시기에 외국어가 그대로 들어왔으나 이후 현대 한국어에서는 다른 말로 대체된 것들이 있습니다. 예를 들어 '독트린(doctrine)'은 '교리'로 대체되었고 '필로소피(Philosophy)'는 '철학'으로 대체되었습니다. '텐던시(Tendency)'는 '경향'으로 대체되었고 '펜네임(pen name)'은 '필명'으로 대체되었습니다.

이처럼 새로운 문물이나 개념을 표현하기 위해서 개화기에는 주로 일본계 한자어나 서구식 외래어가 차용되어 활용되는 경우가 많았습니다. 그러나 그렇다고 해서 고유어계의 신어가 전혀 없었던 것은 아니었습니다. 전문적이거나 사회적인 맥락에서 주로 사용되던 단어

들과는 달리 일상적인 영역에서 주로 사용되는 일상 어휘 가운데에
는 여전히 고유어 계열의 신어들이 생성되고 또 널리 활용되기도 하
였는데요.

그 예로서 '곰팡이, 놀이터, 썰매, 제비뽑기' 같은 단어들을 들 수
있습니다. 또 한자어와 고유어가 혼합되어 만들어진 혼종어로서는
'쓰레기통, 장조림' 같은 단어들도 신어로 등장하였습니다. 이 단어들
은 지금도 여전히 활발하게 쓰이고 있는 단어들이란 것을 알 수 있
지요.

이렇게 어떤 신어들은 그것이 등장한 사회적 맥락에서 임시어로
서 잠시 쓰이다가 없어지기도 하지만, 어떤 신어들은 그 이후로 그
언어의 어휘 체계 안에 공고히 자리잡고 계속적으로 활발하게 사용
되는 정착어로서의 지위를 획득하기도 합니다. 따라서 우리는 계속
해서 새로 생겨나는 신어들을 수집하고 관찰해 나갈 필요가 있다고
할 수 있겠습니다.

이렇게 해서 이번 강의에서는 역사 여행을 해 보았습니다. 개화기
시기의 신어들을 통해서 그 시기 한국의 역사적 사회적 상황을 짚어
보았습니다. 다음 절에서는 시계를 조금 많이 돌려볼 텐데요, 바로
새천년 시기로 넘어가 보도록 하겠습니다.

03.
새천년 시기의 신어

이번 장에서는 중요한 시기별로 신어를 살펴보고 있습니다. 이번에는 새천년 시기의 신어를 살펴보도록 하겠습니다. 새천년이란, 뉴 밀레니엄을 한국어로 번역한 것인데요, 새롭게 맞이하는 천 년의 첫 번째 해인 2000년을 나타내는 것입니다. 이 시기에는 한국 사회에 어떠한 변화들이 있었을까요? 신어를 통해서 크게 세 가지로 나누어서 알아보도록 하겠습니다.

첫째, 이 시기에는 새천년을 맞이하는 희망과 경제 회복의 긍정적 분위기를 나타내는 단어들, 그리고 그 이면에 나타나는 극빈곤층과 양극화의 등장을 보여주는 단어들이 공존하고 있는 모습을 볼 수 있습니다.

> 예 밀레니엄, 브이턴
> 예 극빈층, 기득권층, 비정규직, 계약직

우선 '밀레니엄'이라는 단어는 영어 'millennium'을 차용한 것으로, 새로운 천 년, 즉 2000년대를 시작하는 첫 번째 연도로서 2000년에 많은 의미와 가치를 부여했던 당시 사회적 모습이 반영되어 있습니다.

이 시기는 의미 있는 숫자로 새로운 연도가 시작되기도 하였지만 실제로 이 시기를 전후하여서 한국은 1997년부터 있었던 IMF 외환위기를 극복해 나가면서 새로운 경제적 도약에 대한 기대감이 넘치던 시기이기도 합니다. 이것을 단적으로 보여주는 단어가 바로 브이턴(V turn)으로, 브이턴은 하락하였던 것이 다시 급속히 상승하는 경우를 알파벳 'V'자에 빗대어 이르는 말입니다. 실제 이 당시 한 신문 기사를 보면 '우리나라 경제와 기업은 2년 전 IMF 위기에 급전직하했다가 어느 나라보다 빠르게 회복하는 V턴을 했다.'라는 기사가 나옵니다.[8]

그러나 이렇게 빠르게 경제위기를 극복한 이면에서는 그 이전의 한국 사회의 급성장기에서는 상대적으로 크게 문제가 되지 않았던 새로운 사회적 문제들이 등장하게 되는데요. 바로 IMF 시대의 후유증으로 인해 나타난 양극화 현상과 극빈층의 등장을 들 수 있겠습니다. 이러한 모습을 보여주는 이 시기의 신어들로는 '극빈층'과 '기득권층', 그리고 '비정규직'과 '계약직' 등을 들 수 있습니다.

'극빈층'과 '기득권층'은 서로 대비되는 양극단의 지점에 있는 계층을 가리키는 단어들인데요, '극빈층'은 '몹시 가난한 계층'을 나타내는 반면에 '기득권층'은 특정한 사회 안에서 이미 권력이나 부 등을 차지하여 소유하고 있는 계층을 나타냅니다.

'비정규직'과 '계약직'은 서로 비슷한 개념인데요. '비정규직'은 근

---

8   출처: 세계일보 2000.5.3. 6면.

로 방식 및 기간, 고용의 지속성 등에서 정규직과 달리 보장을 받지 못하는 직위나 직무를 나타내는데, '계약직'이 여기에 속하는 일종의 비정규직입니다. 즉 '계약직'은 일정한 근로 기간 및 방식, 임금 등을 계약을 통해서 약정하고 그 정해진 기간 내에만 고용이 지속되는 직위나 직무를 말하는데요. 이러한 계약이 보통 1~2년이라는 단기간만 보장해 주기 때문에 고용 안정성이 떨어지는 형태의 직무나 직위라는 데 가장 큰 특징이 있습니다.

'극빈층, 기득권층, 비정규직, 계약직' 등과 같이 이 시기에 나타난 신어들은 현재까지도 활발히 사용되고 있는 단어들로, 이제는 더 이상 신어가 아닌 정착어로 분류되고 있습니다.

새천년 시기의 신어를 살펴보고 있는데요, 두 번째로 살펴볼 것은 닷컴버블과 주식 열풍을 나타내는 단어들입니다. 이 시기에 한국뿐만 아니라 전 세계적으로 큰 충격을 주었던 경제 사건을 꼽으라고 한다면 아마 '닷컴버블(Dot-com bubble)'을 꼽으시는 분이 많을 겁니다. 닷컴버블은 인터넷 관련 분야가 성장하면서 미국과 한국을 비롯한 여러 산업 국가의 주식 시장에서 나타났던 거품 경제 현상인데요, IT 관련 기업들의 주가가 폭등하기 시작한 1995년부터 버블이 붕괴되고 대다수 IT 관련 기업들의 주가가 폭락한 2001년까지 지속되었습니다.

이때 불어닥친 주식 투자의 열풍은 이 당시 신문 지면을 장식하고 있는 수많은 주식 관련 신어들을 통해서 알아볼 수 있습니다.

> **예** 개미 투자자, 먹튀, 묻지마 투자

'개미 투자자, 먹튀, 묻지마 투자' 등과 같은 단어들이 모두 이 시기에 새롭게 나타난 단어들인데요. 우선 '개미 투자자'는 주식 시장에서 소액을 가지고 개인적으로 투자하는 사람들을 비유적으로 이르는 말입니다. 닷컴 열풍이 거세게 불면서, 전문적으로 투자를 하는 기관이나 회사뿐만 아니라 개개인들이 소액을 가지고 직접 주식 투자를 하는 것이 이 시기에 대중화되고 보편화되고, 그에 따라서 이러한 말이 등장하게 되었는데요. 오늘날에는 이것을 줄여서 그냥 '개미'라고 부르기도 합니다. 아주 작은 곤충인 개미에 빗대어서 소액 투자자를 나타내는 것으로 비유에 의한 의미적 신어의 사례로 볼 수 있겠습니다.

다음으로 '먹튀'는 '먹고 튀다'를 줄여 이르는 말로, 자신의 이익만을 챙기고 빠지는 일을 의미하는데요, 현재는 주식뿐만 아니라 폭넓은 상황에 두루두루 쓸 수 있지만, 2000년 신어 자료집을 보면 이 단어에 대한 뜻풀이가 주식 투자에 한정되어 기술되어 있습니다. 바로 다음과 같은데요. '주식을 이용해 한꺼번에 이윤을 챙기고 손을 떼는 것을 낮잡아 이르는 말', 이렇게 풀이가 되어 있습니다. 이 말이 처음 생겼을 때에는 주식 투자에 대해서 쓰는 것으로 한정적으로 쓰이다가 점차 그 의미가 확장되어 온 것을 알 수 있습니다.

'묻지마 투자'라는 말도 있는데요. 이 말은 단기간에 고수익을 올리려고 실제보다 부풀려진 상품에 투자하는 일을 부정적으로 이르는 말입니다. 이 단어 역시도 현재는 부동산 투자나 금융 투자 등 여러 가지 투자에 모두 쓸 수 있는 말이 되었지만 2000년 신어 자료집에는 주식 투자에 한정해서 그 뜻을 풀이하고 있는데요, '정확한

정보나 체계적인 시장 분석도 없이 주식에 마구 투자하는 일'이라고 풀이가 되어 있습니다. 주식 투자에 한정해서 이르던 말이 그 의미가 확장되어 두루두루 쓰일 수 있게 된 또다른 사례인 것으로 보입니다.

2000년, 새천년 시기의 신어를 살펴보고 있는데요. 이 시기의 신어에서 세 번째로 살펴볼 수 있는 것은 바로 인터넷과 디지털, 그리고 나아가 모바일 세상이 본격적으로 도래하였다는 것입니다. 앞서 언급하였던 닷컴버블 현상도 사실은 IT 기술의 발전에 대한 지나치게 낙관적인 전망에 기인하였던 것이라고 볼 수 있는데요, 이렇게 IT 기술이 본격적으로 발전하기 시작한 것은 이 시기에 실제로 일어났던 현상이기도 합니다.

이러한 인터넷 환경의 구축과 디지털 기기의 발전, 그리고 휴대전화의 보급이라는 새로운 세상으로 본격적으로 진입하게 된 한국 사회의 모습을 보여주는 신어들이 2000년 신어 자료집에 굉장히 많이 수록되어 있는데요.

먼저 인터넷 환경의 구축과 확장에 관련되는 단어들로는 '내려받다, 검색어, 검색창, 게임방' 같은 단어들의 예를 들 수 있습니다.

예 내려받다, 검색어, 검색창, 게임방

'내려받다'는 '컴퓨터 통신망을 통하여 파일이나 자료를 받아 내리다'라는 뜻으로, '다운로드'를 순화한 말입니다. '검색어'는 '인터넷상에서 찾는 말'을 뜻하고, '검색창'은 이러한 검색어를 입력하는 인터넷상 공간을 나타냅니다. 그리고 '게임방'은 '컴퓨터 게임에 필요한 시설을 해놓고 그 자리에서 게임을 즐길 수 있도록 공간을 마련해 놓은 업소'를 나타내는데요, 온라인 게임이 대중적인 인기를 끌면서 이러한 게임방도 많이 생기게 되었습니다. 이러한 '내려받다, 검색어, 검색창, 게임방' 등의 단어들은 이 당시에는 신어였으나 현재는 한국어 사전에 등재되어 있어 신어의 지위를 벗어나서 현재까지도 잘 뿌리내어 쓰이고 있는 정착어로 볼 수 있습니다.

이 시기 신어 자료집에는 '디지털'류의 신어들과 '사이버'류의 신어들도 매우 많은 수가 관찰됩니다.

> 예 디지털맨, 디지털북, 디지털 카메라
> 예 사이버몰, 사이버자키, 사이버캐릭터, 사이버틱하다

'디지털맨, 디지털북, 디지털 카메라'와 같은 단어들이 '디지털'이 붙어 있는 단어들이고요, '사이버몰, 사이버자키, 사이버캐릭터, 사이버틱하다' 등이 '사이버'가 붙어 있는 단어들의 예시입니다. '디지털맨'은 디지털 기기에 익숙한 사람을 나타내던 말이고 '디지털북'은 전자책을, 디지털 카메라는 디지털 방식으로 작동하는 카메라를 나타냅니다.

이 중에서 '디지털맨'과 '디지털북'은 임시어로 볼 수 있어서, 그 이후에는 더 이상 쓰이지 않고 사라졌는데요, '디지털맨'은 더 이상 이러한 말을 붙일 필요가 없을 만큼 그 이후에 모든 세대에 있어서 디

지털 기기의 사용이 익숙하고도 당연한 것이 되었기 때문에 굳이 '디지털맨'이라는 말을 쓸 필요가 없어졌기 때문에 사라진 것으로 생각해 볼 수 있습니다. '디지털북'의 경우 현재에는 '전자책'이라는 순화어로 대체가 된 것으로 보입니다. 그리고 '사이버'류의 단어들이었죠, '사이버몰, 사이버자키, 사이버캐릭터, 사이버틱하다' 등의 단어들도 임시어로 잠깐 쓰이다가 사라진 단어들인데요. 이 단어들이 쓰였던 2000년대에는 어떤 의미로 쓰였었는지 궁금하시다면, 아래 내용을 확인해 보시기 바랍니다.

사이버몰(cybermall) 「명」 [컴] 인터넷상에서의 쇼핑센터. ※ 용례 생략.

사이버자키(cyberjockey) 「명」 인터넷 방송 따위에서 가벼운 이야깃거리와 함께 음악이나 영상 따위를 돌려주거나 보여 주는 사람. ¶더욱이 누구나 DJ처럼 음악과 더불어 멘트를 전하는 **사이버자키(CJ)**로 활동할 수 있다는 게 큰 매력. 간단한 프로그램과 컴퓨터용 이어 마이크를 갖추고 방송을 하려는 의지만 있으면 누구든지 나만의 방송을 네티즌에게 들려줄 수 있다. <스포츠서울 2000.5.16. 25면>

사이버캐릭터(cybercharacter) 「명」 컴퓨터상에서 가상으로 만든 인물. 흔히 어떤 특정 인물의 모습을 디자인에 도입해서 사용하거나, 어떤 것을 잘 나타낼 수 있는 독특한 개성과 이미지가 부여된 가상의 인물을 만들기도 한다. ¶그가 이번 4·13 총선 개표 방송에서 엄기영 앵커를 모델로 한 **사이버캐릭터**의 더빙 주자로 나섰다. <스포츠서울 2000.4.6. 19면>

사이버틱하다(cybertic--) 「명」 [컴] 컴퓨터에서 만들어 놓은 가상의 세계와 같다. 또는 첨단 기술적이고 미래적이다. ※ 용례 생략

출처: 2000년 신어 국어원 자료집

다음으로 휴대전화의 사용이 보편화, 일상화된 이 시기의 사회적 모습을 잘 보여주는 신어들로는 '문자 메시지, 모바일 비즈니스, 모바일 세대, 신엄지손가락족' 등을 볼 수 있습니다.

K-예능과 새로운 우리말

> **예** 문자 메시지, 모바일 비즈니스, 모바일 세대, 신엄지손가락족

'문자 메시지'는 간단히 '문자'라고 하기도 하는데요, '휴대전화에서 글자판을 이용하여 문자로 된 내용을 상대에게 전달하는 기능, 또는 그 글'을 의미합니다. 우리가 1주차 수업에서 노래 가사에 등장하는 '문자'라는 단어에 대해서 언급한 적이 있는데요. 그 노래는 2012년에 발매된 노래였지요? 이렇게 이 단어는 이후에도 살아남아서 활발히 쓰이게 됩니다.

다음으로 '모바일 비즈니스'는 휴대전화 단말기로 하는 비즈니스를 뜻합니다. 그리고 '모바일 세대'는 휴대전화 단말기로 모든 것을 처리하는 세대를 일컫습니다. 그리고 '신엄지손가락족'이라는 말이 재미있지요? 이 말은, '엄지손가락을 자유자재로 이용하는 데 익숙한 사람들'이라는 뜻으로, 2000년 신어 자료집에는 '흔히 휴대전화를 들고 엄지손가락을 재빨리 움직여 버튼을 누르는 젊은이들을 빗대어 이르는 말'이라고 뜻풀이가 되어 있습니다. 그러나 이후 진행된 사회의 변화, 특히 스마트폰의 보급과 대중화를 보면, 젊은이뿐만 아니라 사실상 모든 세대의 사람들이 이러한 엄지손가락족의 생활 양식을 가지고 살아가게 된 것을 알 수 있지요.

'모바일 세대'나 '신엄지손가락족'처럼 당시에는 특정한 일부 계층을 지칭하기 위해서 사용되던 말은, 그러한 일부 계층이 공유하던 특징이 보편화되고 일반화됨에 따라서 더 이상 그 특정한 계층만 지칭할 필요가 없어지게 되면 그 단어도 같이 사라지는 경우가 많습

니다. 앞서 언급했던 '디지털맨' 같은 단어도 마찬가지로 볼 수 있겠습니다.

이렇게 해서 새천년 시기의 신어를 통해서 해당 시기의 한국 사회의 모습을 살펴보았습니다. 다음에는 시계를 조금 더 돌려볼까요? 바로 코로나19 팬데믹 시기로 넘어가 보도록 하겠습니다.

K-예능과 새로운 우리말

04.
코로나19 팬데믹 시기의 신어

앞에서 개화기 시기의 신어, 그리고 새천년 시기의 신어에 대해서 그 시대적 사회적 배경과의 관련성을 중심으로 공부해 보았습니다. 이번 강의에서는 시계를 조금 더 가깝게 돌려서, 코로나19 팬데믹 시기의 신어에 대해서 알아보도록 하겠습니다.

코로나19 팬데믹은 코로나바이러스 감염증 19의 전 세계적인 대유행을 간소하게 가리키는 말입니다. 코로나바이러스 감염증 19는 2019년 말에 처음 출현해서 빠른 속도로 전세계로 퍼져 나갔습니다. 이 바이러스는 특히 2020년부터 2022년까지 전 세계에 지대한 영향을 미쳤는데요, 처음 생겨났을 당시를 기준으로 봤을 때 새로운 형태의 변이 바이러스로 아직 백신이나 치료제가 개발되지 않은 상황이었고, 호흡기를 통해서 빠르게 전파된다는 특성을 가지고 있었기 때문에 이 신종 코로나바이러스의 전파로 인한 팬데믹 상황에서 전세계는 공동의 위기를 맞이하게 되었습니다.

당연히 이러한 상황은 사회 전반에 큰 영향을 줄 수밖에 없었는데요, 신어의 형성에도 영향을 주

었습니다. 그렇다면 이 시기에 나타난 신어에는 어떠한 것들이 있을
까요?

먼저 첫 번째로 살펴볼 신어들은 의료 및 보건 분야에서 나타난
신어들입니다. 몇 가지 사례를 살펴볼까요?

> 예 금스크, 코스크, 턱스크
> 예 덕분에 챌린지

우선 '금스크, 코스크, 턱스크' 등, 보건용 마스크와 관련된 단어
들이 많이 생겨났습니다. 이 신종 코로나바이러스는 침방울을 통해
서 전염되다 보니, 전파를 줄이기 위해서 보건용 마스크의 착용이
강력하게 권고되었는데요. 너도 나도 마스크를 찾다 보니 결국 마스
크 품귀 현상까지 발생하게 되었습니다. '금스크'는 이러한 배경에서
생겨난 말로, 금에 맞먹을 만큼 비싸고 귀한 마스크라는 뜻입니다.

한편 '코스크'와 '턱스크'는 각각 '코 아래로 내려 쓴 마스크'와 '턱
에 걸쳐 쓴 마스크'를 뜻하는데요, 올바른 마스크 착용법은 코와 턱
을 모두 가리도록 마스크를 쓰는 것이기 때문에, 코스크와 턱스크는
모두 올바르지 않게 마스크를 착용한 경우를 일컫는 것입니다. 이렇
게 코스크와 턱스크를 한 사람들은 다른 사람들에 의해서 비난을
받기도 했습니다.

이 시기에는 바이러스의 전파를 막기 위해서 확진자들은 집안이
나 병원에 격리되고, 병원이 포화 상태에 이르면서 의료진의 부담이
급격히 증가하고 의료의 질이 떨어질 수밖에 없었습니다. 이러한 상

K-예능과 새로운 우리말

황에서 새롭게 나타난 표현 중 하나가 '덕분에 챌린지'입니다. 이것은 코로나19의 종식을 위해서 일선에서 애쓰고 있는 의료진들에게 존경과 감사를 표현하기 위해서 만들어진 국민 참여 캠페인을 나타내는 말인데요. 베풀어준 은혜나 도움에 대한 고마움의 마음을 표현하기 위해서 주로 감사를 표현할 때 쓰는 말인 '덕분에'가 활용된 것입니다.

코로나19 팬데믹 시기의 신어를 살펴보고 있는데요, 다음으로 살펴볼 유형들은 바로 사회 활동의 비대면화를 보여주는 단어들입니다. 이 시기에는 코로나19 감염을 피하기 위해서 사람들은 대부분을 집안에서만 머무르게 되고, 학교 수업은 온라인 수업으로 이루어지고, 직장 업무도 재택 근무로 전환되는 등, 일상의 많은 부분들이 온라인을 활용한 비대면 활동으로 전환되었습니다. 이렇게 변화된 사회 활동과 관련된 단어들이 많이 등장하였는데요. '비대면 강의, 비대면 시험, 랜선 문화' 등의 예를 들 수 있습니다.

> **예** 비대면 강의, 비대면 시험, 랜선 문화

'비대면'이라는 단어 자체도 신어인데요, '非對面'이라는 한자를 글자 그대로 풀이해 보면 '서로 얼굴을 직접 대하지 않음'이라는 뜻입니다. 주로는 오프라인이 아닌 온라인 공간에서 이루어지는 활동에 이 말이 붙는데요. '비대면 강의'는 온라인 강의, '비대면 시험'은 역시 온라인으로 이루어지는 시험을 일컫습니다.

'랜선 문화'에 포함되어 있는 '랜선'이라는 단어도 역시 '비대면'과 유사하게 온라인 공간을 뜻하는데요. 인터넷 연결 선인 '랜선'이라는 표현을 통해서 현실 공간이 아닌 온라인 공간을 비유적으로 나타내는 것입니다. 따라서 '랜선 문화'는 온라인을 통하여 이루어지는 각종 문화를 나타내는 것이지요. 교육, 사회생활, 문화생활 등이 온라인상에서 이루어지는 것을 통틀어서 가리키는 말로, 코로나19 팬데믹은 이러한 랜선 문화가 일상이 되는 계기가 되기도 했습니다.

코로나19 팬데믹 시기의 신어 중 마지막으로 살펴볼 것은 이 시기의 변화된 일상생활과 관련되는 부류의 단어들입니다. 여기에 해당되는 단어들은 지금 보시는 이러한 단어들을 그 예시로 제시해 볼 수 있습니다.

> **예** 돌밥돌밥, 확찐자, 식집사, 한달 살기

먼저 '돌밥돌밥'이란, '돌아서면 밥 차리고 돌아서면 밥 차린다'에서 온 축약어입니다. 여기에서 '돌아서다'라는 동사는 어떤 행위를 끝마쳤음을 비유적으로 나타내는 것인데요, 즉 '돌밥돌밥'은 밥을 다 먹고 나면 바로 또 다음 끼니를 위해 밥을 차려야 하는 상황을 표현하는 것입니다. 이 말은 코로나19의 확산으로 인해 많은 사람들이 집안에만 머물러 지내는 시간이 많아지면서 생겨난 말입니다. 가족 구성원들이 집에서 아침, 점심, 저녁을 모두 먹는 일이 많아지면서 이 식사를 모두 준비하는 가정주부의 고됨을 표현한 것이지요.

'확찐자'라는 말도 재미있습니다. 이 말은 '살이 확 찐 사람'이라는 뜻으로, 팬데믹 시기에 집안에서만 생활하다 보니까 운동량이 적어져서 살이 확 찐 사람들이 많다 보니 새롭게 등장한 말입니다. 사실 이 단어는 발음이 동일한 다른 단어죠, '확진자'를 모티프로 삼아서 재미있게 만든 말인데요. '확진자(確診者)'는 질환을 확실하게 진단 받은 사람을 뜻합니다. 이 시기에는 코로나에 걸렸다는 것을 확실하게 진단 받은 사람을 가리킬 때 '코로나 확진자'라는 말을 아주 빈번하게 사용했습니다. 그러다 보니까 이 '확진자'라는 말과 발음이 똑같은 '확찐자'라는 말을 유머의 일종으로 만들어 쓰게 된 것입니다.

'식집사'라는 단어도 이 시기에 새로 생겨난 말입니다. 이것은 식물의 '식'과 '집사'를 붙인 말로, '집사'라는 말은 원래 '주인 가까이 있으면서 그 집 일을 맡아보는 사람'을 나타내던 말인데요. 반려동물을 기르는 사람이 많아진 2010년대 이후에는 '고양이를 시중들 듯이 살뜰히 돌보며 기르는 사람을 비유적으로 이르는 말'로도 자주 쓰이게 되었습니다.

'식집사'의 '집사'는 바로 이 '고양이 집사'에서 온 것입니다. 즉 식물을 시중들 듯이 정성스럽게 돌보고 기르는 사람을 나타내는 것이지요. 코로나19 팬데믹 시기에는 외부 활동을 하지 않고 집안에서만 머물러야 하는 상황이 많아지다 보니, 집안에서 할 수 있는 취미 활동으로 식물을 기르는 사람이 많아지게 되었는데요. 이러한 세태가 반영된 신어라고 할 수 있겠습니다.

'워킹스루'라는 말도 있는데요, 이 말은 영어의 'walking through'에서 온 말로, 특정 장소에 걸어서 들어가거나 나오면서 서비스를 이용하는 방식을 나타냅니다. 이 시기에는 코로나 바이러스의 확산을 방지하기 위해서 밀집된 장소에 사람들이 모여 있지 않도록 워킹 스루나 드라이브 스루 방식이 많이 활용되었습니다.

이 시기에 나타난 신어 중에서도 일상생활과 관련된 신어, 마지막으로 언급할 것은 바로 '한달살기'입니다. 이 단어는 한 달이라는 기간 동안 집이 아닌 다른 지역에 가서 살아보는 것을 나타내는 것인데요, 휴가 기간에 짧게 여행을 가는 것이 아니라 한 달이라는 비교적 긴 기간 동안 낯선 지역에 가서 머무르면서 해당 지역의 주민으로서 살아보는 경험을 하는 것입니다.

그런데 왜 '한달살기'가 코로나 시기와 연관이 있을까요? 이렇게 한달살기를 하는 동안에는 학교나 회사에 나가지 못하겠지요. 사실 한국의 문화를 볼 때, 일반적인 직장인들이나 학생들이 한 달씩이나 회사나 학교에 나가지 않는 것은 특별한 경우가 아니라면 상상하기 어려운 일인데요. 바로 이 코로나19 팬데믹 시기에는 많은 학교나 회사들이 비대면 방식으로 전환하였기 때문에 한달살기를 하는 것이 가능했던 것입니다.

이렇게 해서 사회적 배경과의 관련성 속에서 신어를 파악해 보았는데요. 그중에서도 마지막으로 이번 시간에는 코로나19 팬데믹 시기에 새롭게 등장한 신어들의 면면을 알아보았습니다.

이제까지 시기별 신어의 예시를 통해서 그동안 한국의 사회·문화적 배경 속에서 어떠한 신어들이 등장하고 사라져 왔는지를 짚어 보았습니다. 사실 많은 사람들이 신어는 잘못된 말이 아닌가, 교양 없는 말이 아닌가, 하면서 신어에 대해서 부정적인 태도를 가지는 경우

K-예능과 새로운 우리말

가 많습니다. 물론 신어 중에는 비속어도 상당히 많이 포함되기 때문에 이를 잘 분별하고 가려 써야 하는 것은 분명한 사실입니다.

그러나 이제까지 살펴본 것처럼, 신어는 한국어의 소중한 언어 자원이며, 동시대의 사회적·문화적·역사적 상황과 맥락을 보여주는 소중한 도구이기도 합니다. 또한 언어학자의 시선으로 볼 때 여러 가지 문화 콘텐츠 중에서도 K-예능은 이러한 소중한 신어의 자연스러운 사용 맥락을 그대로 담고 있다는 점에서 매우 중요하다고 할 수 있겠습니다. 이 책을 여기까지 읽으신 독자 여러분들도 아마 케이 예능과 한국어에 대한 관심이 많으실 것 같은데요. 앞으로 여러분도 어떠한 신어가 나오는지에 주목해서 K-예능을 시청하신다면 더 즐겁고 새로운 시선으로 예능 프로그램들을 감상하실 수 있을 것입니다.

참고 문헌

국립국어연구원 편(2000), 2000년 신어, 국립국어연구원.

김하수(1999), 한국어 외래어 표기법의 문제점, 배달말 25, 배달말학회.

김한샘(2014), 『신어사전』(1934)의 구조와 근대 신어의 정착 양상, 한글 304, 한글
학회.

남기심(1983), 새말의 생성과 사멸, 국어 어문의 제문제. In 이기문 외(1985), 韓國
語文의 諸問題, 일지사.

남길임·송현주·이수진·백미경·서은영·안진산·고예린·성민규·강현아(2022), 신
어 2021, 한국문화사.

남길임·송현주·최준(2015), 현대 한국어 [+사람] 신어의 사회·문화적 의미, 한국
사전학 25, 한국사전학회.

남길임·송현주·최준·이수진(2022), 현대 신어 연구, 한국문화사.

남길임·이수진(2016), 신어, 커뮤니케이션북스.

남길임·이수진·최준·서은영·강현아·백미경·정희윤·김해은·안진산(2021), 신어
2020, 한국문화사.

남신혜(2020), 소셜미디어 해시태그로 본 'Learning Korean' -인스타그램 네트워
크 분석을 중심으로-, 한국어교육 31(4), 국제한국어교육학회.

남신혜·원미진(2011), 한국어 교육을 위한 외래어 조어소 선정에 관한 연구, 이중
언어학 46, 이중언어학회.

박선옥(2019), [+사람] 신어의 생성 추이와 단어의 형태적 특징 연구, 동악어문학

77, 동악어문학회.

박영섭(2002), 개화기 국어 어휘 연구, 한국어 의미학 11, 한국어의미학회.

박철우·김윤신·김진웅·김진해·박재연·이동혁·이지영·이찬규·이혜용·임채훈·
정연주·조경순·최경봉·최윤지(2023), 한국어의미론, 사회평론아카데미.

서혜진(2022), 신어의 유형과 생성 원리에 대한 연구 : 신형어와 신의어를 중심으
로, 성균관대학교 박사학위논문.

송승현(2022), 한국어 외래어 사용 양상 연구: 구어 자료를 기반으로, 연세대학
교 박사학위논문.

송찬섭(2016), 한국 근대 신어의 유형과 특성, 역락.

송현주(2022), 의미적 신어와 신어의 의미 관계, 한국어 의미학 76, 한국어의미
학회.

신중진(2015), 개화기 '-원(員)' 파생 신어의 어휘-문법과 변천 연구, 한국사전학
26, 한국사전학회.

심지연(2006), 국어 순화어의 생성과 정착에 대하여, 한국어학 30, 한국어학회.

유현경·한재영·김홍범·이정택·김성규·강현화·구본관·이병규·황화상·이진호
(2018), 한국어 표준 문법, 집문당.

윤평현(2020), 새로 펴낸 국어의미론, 역락.

이찬영(2016), 현대 한국어 혼성어 연구, 연세대학교 석사학위논문.

이찬영(2023), 형태적 신어의 개념과 유형, 어문학 160, 한국어문학회.

이현정(2021), 한국어교육을 위한 신어 연구, 연세대학교 박사논문.

임동훈(1996), 외래어 표기법의 원리와 실제, 새국어생활 6(4), 한국국어교육학회.

정한데로(2011), 임시어의 형성과 등재, 한국어학 52, 한국어학회.

정한데로(2019), 신어의 탄생, 사회와 문화를 담다, 새국어생활 29(3), 국립국
어원.

정희원(2004). 외래어의 개념과 범위, 새국어생활 14–2, 국립국어연구원.

한송화 외(2015), 한국어 교육 어휘 내용 개발(4단계), 국립국어원.

한승규(2022), 글로벌리터러시를 위한 K-word 분석 : 2021년 Oxford 사전 등재 어휘를 중심으로, 차세대융합기술학회논문지 6(5), 차세대융합기술학회.

Ahmad, K. (2000, August). Neologisms, nonces and word formation. In *Proceedings of the Ninth EURALEX Intern ational Congress* (p. 71).

Algeo, J.(1977), Blends, A structural and systemic view, *American Speech*, Vol.52 No.1/2, 47-64.

Asif, M., Zhiyong, D., Iram, A., & Nisar, M. (2021). Linguistic analysis of neologism related to coronavirus (COVID-19). *Social Sciences & Humanities Open*, 4(1), 100201.

Bauer, L.(1983), *English Word-formation*, Cambridge: Cambridge University Press.

Buckingham Jr, H. W. (1981). Where do neologisms come from?. In *Jargonaphasia* (pp. 39-62). Academic Press.

Eggins, S.(2004), *An introduction to systemic functional linguisitics.* (2nd ed.). London: Continuum.

Lecours, A. R. (1982). On neologisms. *Perspectives on mental representation*, 217-247.

Lehrer, A. (2003). Understanding trendy neologisms. *Italian Journal of Linguistics*, 15, 369-382.

Lin, M. C. (2013). A new perspective on the creation of neologisms. *Acta Linguistica Asiatica*, 3(1), 47-60.

Lina, Z. (2016). Neologisms in News English. *Sino-English Teaching*, 13(4), 292-295.

Yu, K. (2020). A Study on the Language Culture of the Neologisms. *The Journal of the Convergence on Culture Technology*, 6(1), 17-22.

K-예능과 새로운 우리말

K-예능과
새로운 우리말